Die Reihe wird fortgesetzt.

Dr. Manfred Baur

HAIE

Im Reich der schnellen Jäger

TESSLOFF

2 | Inhaltsverzeichnis

Hier siehst du, wo du bist!

Wo ist was?

Seite **16**

Haie jagen unterschiedlich. Dieser Karibische Riffhai mag den Rotfeuerfisch trotz der Giftstacheln.

| **16** | **Verhalten** |

16 Schlaue Jäger
18 Großes Maul – sanftmütige Riesen
20 Ohne Haie kein Leben im Meer
22 Sind Haie Einzelgänger?
23 Gemeinsam und nicht allein
24 Tierische Begleiter
▶ **26 Immer auf Achse**
28 Fortpflanzung und Nachwuchs

Die mit ▶ markierten Seiten könnten dich besonders interessieren!

Du wirst dich wundern, wie unterschiedlich Haie in Form und Größe sein können.

Seite **6**

| **4** | **Was ist ein Hai?** |

▶ 4 Sandra Bessudo, die Haitaucherin
▶ 6 Was für Typen
▶ 8 Innen und außen – alles vom Feinsten
10 Haie der Urzeit
12 Zähne für jeden Geschmack
14 Die scharfen Sinne der Haie

Zähneputzen ist wichtig! Haie lassen sich die Beißer von Putzerfischen reinigen. Aber es gibt auch ungemein lästige Begleiter ...

30 Haie hautnah

Seite 30

30 Berüchtigt: Weißer Hai
31 Unverwechselbar: Hammerhai
32 Feinde der Haie
34 Extrem kalt
35 Extrem tief
▶ **36 Tarnung ist alles**

Der Weiße Hai ist groß, berühmt und berüchtigt. Er hat es bis nach Hollywood geschafft. Nun gilt er als Bösewicht.

38 Die Verwandten

▶ **38 Flache Verwandte**
40 Ozeanriesen
41 Chimären

Seite 38

Rochen sind Verwandte der Haie. Sie fliegen elegant durchs Wasser und manchmal auch darüber hinaus.

42 Haie und Menschen

42 Wie gefährlich sind Haie wirklich?
44 Gejagter Jäger
▶ **46 Wir fragen, Haie antworten**

Seite 46

Interview: Wie schmecken Neoprenanzüge, und was halten Haie von uns Menschen?

48 Glossar

Hier findest du die wichtigsten Begriffe kurz erklärt.

Was ist ein Hai?

Sandra Bessudo, die Haitaucherin

Bereit für die Reise. Sandra Bessudo fährt mit dem Boot 30 Stunden bis nach Malpelo.

Sandra Bessudo liebt Haie und ganz besonders die Hammerhaie von Malpelo, einer Vulkaninsel im Pazifik. 400 Kilometer vor der Küste Kolumbiens treffen sich Bogenstirn-Hammerhaie an den Unterwasserhängen der Insel. Die kolumbianische Meeresbiologin fährt heute mit dem Boot zu diesem Unterwassertreffpunkt der Haie. Mit an Bord ist der Belgier Fred Buyle, einer der weltbesten Apnoetaucher. Ohne Pressluftflasche, nur mit einem einzigen Atemzug, wird er zu den Hammerhaien hinabtauchen und sie mit einem elektronischen Marker versehen. Damit will Sandra herausfinden, welche Wanderungen die scheuen Tiere unternehmen. Die Daten sind wichtig, um die Tiere besser zu schützen.

Wozu Haie schützen?

Die fischreichen Gewässer von Malpelo ziehen nicht nur Haie an, sondern auch einheimische Fischer. In ihren Netzen landen neben den Fischen auch die Haie. Um das sinnlose Haisterben zu verhindern, kämpft Sandra für eine erweiterte Schutzzone, in der nicht gefischt werden darf. Doch wie groß muss die Zone sein? Wo halten sich die Haie auf? Welche Wanderungen unternehmen sie? Um Antworten auf diese Fragen zu finden, hilft ihr Fred Buyle.
Er liebt wie Sandra das Meer und ist bereit für einen Tauchgang zu den Haien.

Haie markieren

Auf dem sanft schaukelnden Boot schnappt sich Fred Buyle seine langen Tauchflossen, zieht seine Maske an und springt ins Wasser. In der Hand hält er eine Harpune, an deren Ende ein Marker sitzt. Es ist ein Chip, der Signale aussendet, sobald der markierte Hai an einer der vielen Unterwasserstationen vorbeischwimmt, die Sandra Bessudo um Malpelo herum installiert hat. Lautlos und elegant gleitet Fred hinab und hält Ausschau nach den Haien. Er kennt ihre Verstecke. Dort will er sie aufspüren und den Marker an ihrer Rückenflosse anbringen. Fred taucht an den Unterwasserhängen des Vulkans entlang und findet tatsächlich einen Hammerhai. Mit der Harpune schießt er den Marker in die Rückenflosse. Der Pikser tut kaum weh und kann den Hai retten. Nun ist der Marker platziert. Zufrieden taucht Fred Buyle langsam wieder auf.

Nur mit Maske und Flossen dem Hai hinterher. Fred Buyle macht sich fertig zum Tauchen.

Unterwasserparadies

Der Vulkanfelsen ist spärlich von Korallen bewachsen und zieht tropische Fische an. An den steilen Hängen steigt ständig nährstoffreiches Wasser aus der Tiefe auf.

Zu Land und im Wasser ...

... kämpft Sandra Bessudo für ihre Haie und damit auch für alle Meeresbewohner von Malpelo. Denn nur wo es Haie gibt, können sich andere Fische entwickeln und vermehren. Das Meer um Malpelo spielt dabei eine wichtige Rolle, weil es die Kinderstube für viele Fischarten ist. Hier legen die Fische ihre Eier ab, die in den vielen Felsverstecken geschützt heranwachsen können. Die Tiere finden hier reichlich Futter, denn ständig strömt nährstoffhaltiges Wasser aus der Tiefe nach oben. Doch die Jungfische können sich nur entwickeln, wenn Haie die Fressfeinde unter Kontrolle halten. Wer das weiß, versteht auch, warum Haie geschützt werden müssen. Deshalb lädt Sandra immer wieder Fischer zu einem Tauchgang ein und zeigt ihnen die wunderbare Unterwasserwelt – die bunten Fische, die Fischeier und die Hammerhaie. Sie möchte, dass die Fischer wissen, welchen Schatz es hier zu schützen gilt. Mit den Daten der Haiwanderungen will sie Politiker überzeugen, die Schutzzone, die sie ins Leben gerufen hat, weiterhin zu erhalten.

Malpelo liegt als einsame Insel mitten im Ostpazifik und zieht mit ihrem Fischreichtum Großfische an – und leider auch Fischer.

Malpelo: Ein 4 000 m hoher Vulkan durchbricht die Meeresoberfläche und zeigt sich als Felseninsel.

Ohne Blubbern und elegant wie ein Fisch: Fred Buyle Auge in Auge mit einem Tigerhai. Fred kennt ihre Körpersprache und respektiert die Haie. Der Tigerhai weiß das zu schätzen.

Was ist ein Hai?

Was für Typen

Haie gibt es in Klein und in Riesengroß. Einige sind flach, andere wiederum mächtig dick. Manche Haie sind silbergrau, andere blau oder braun, einige gestreift oder getüpfelt. Und es gibt Haie mit äußerst seltsamen Köpfen. Haie haben schon vor den Dinosauriern gelebt. Im Laufe von Jahrmillionen haben sich Haie an unterschiedlichste Lebensräume angepasst. Kein Wunder also, dass Haie mal so und mal so aussehen. Insgesamt gibt es heute mehr als 450 verschiedene Haiarten.

Riesenhai
Dieser Hai gähnt nicht, er frisst gerade. Der Riesenhai schwimmt oft nahe der Meeresoberfläche und siebt Plankton aus dem Wasser.

Bronzehai
So stellt man sich einen Hai vor. Der Bronzehai hat einen stromlinienförmigen Körper.

Zigarrenhai
Maximale Länge: 50 cm. Ein Winzling unter den Haien.

Teppichhai
Lauert gerne. Der Teppichhai mit seinen fransigen Fortsätzen liegt meist flach am Meeresboden. Gut getarnt wartet er geduldig, bis sein Essen vorbeischwimmt. Dann schnappt er zu.

Kragenhai
Der Kragenhai ist ein Bewohner der finsteren Tiefsee. Er gehört zu den wenigen Haiarten mit sechs statt fünf Kiemenspalten.

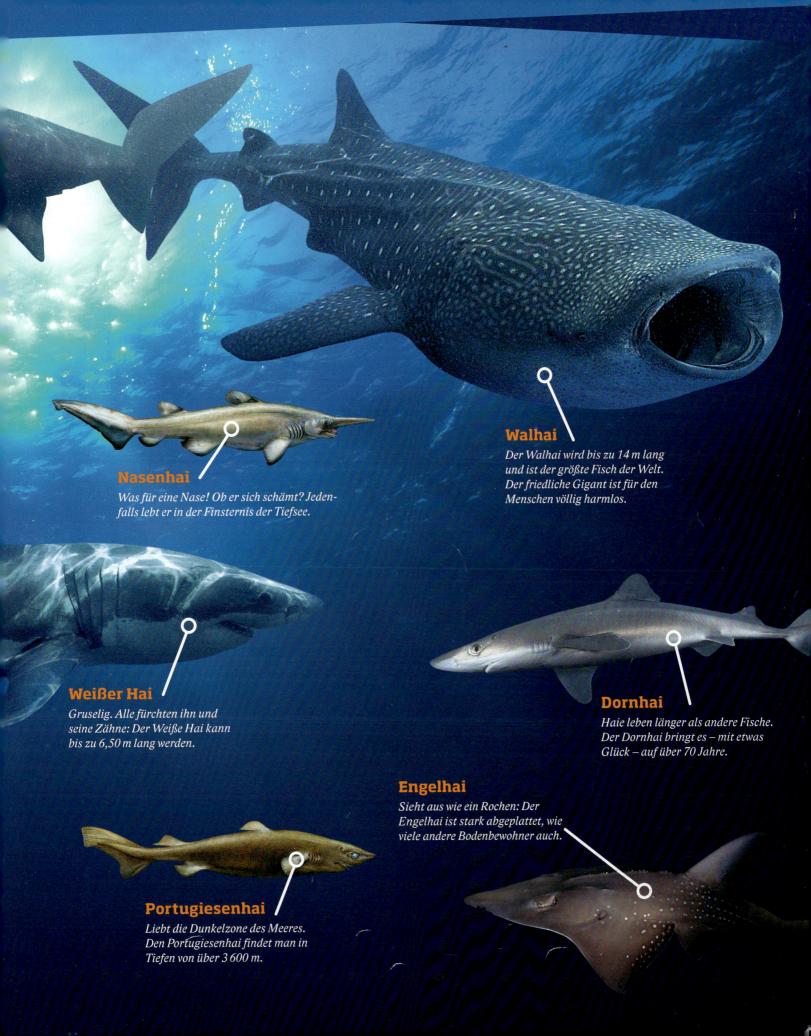

Walhai
Der Walhai wird bis zu 14 m lang und ist der größte Fisch der Welt. Der friedliche Gigant ist für den Menschen völlig harmlos.

Nasenhai
Was für eine Nase! Ob er sich schämt? Jedenfalls lebt er in der Finsternis der Tiefsee.

Weißer Hai
Gruselig. Alle fürchten ihn und seine Zähne: Der Weiße Hai kann bis zu 6,50 m lang werden.

Dornhai
Haie leben länger als andere Fische. Der Dornhai bringt es – mit etwas Glück – auf über 70 Jahre.

Engelhai
Sieht aus wie ein Rochen: Der Engelhai ist stark abgeplattet, wie viele andere Bodenbewohner auch.

Portugiesenhai
Liebt die Dunkelzone des Meeres. Den Portugiesenhai findet man in Tiefen von über 3 600 m.

8 / Was ist ein Hai?

Innen und außen – alles vom Feinsten

Die Schwanzflosse sorgt für den Antrieb. Die meisten Haie müssen ständig in Bewegung bleiben, um nicht abzusinken. Die schnellen Jäger sind besonders auf die Schwanzflosse angewiesen.

In den Ozeanen und Meeren schwimmen mehr als 450 Haiarten. Zwergstachelhaie sind nur 20 bis 25 Zentimeter lang, so mancher Walhai hingegen bringt es auf 14 Meter Länge. Der Makohai ist stromlinienförmig und schnell wie ein Torpedo, während der Teppichhai flach, faul und ausgefranst auf dem Meeresgrund liegt. Obwohl Haie derart unterschiedlich in ihrem Verhalten und in Form und Größe sind, folgen sie alle dem gleichen Bauplan.

Biegsam und doch stark

Haie sind Fische, aber sie haben keine Gräten wie die Knochenfische. Das Haiskelett besteht lediglich aus einer Wirbelsäule. Deren Wirbel sind nicht aus hartem Knochenmaterial, sondern aus zähem und biegsamem Knorpel. Haie, Rochen und noch einige Haiverwandte wie die Chimären zählen deshalb zur Gruppe der Knorpelfische. Weil Haie bei der Jagd schwere Arbeit leisten und enorme Kräfte auf dem Skelett lasten, sind in Wirbelsäule, Kiefer und die das Gehirn umschließende Gehirnkapsel Mineralien eingelagert, die dem Knorpel mehr Festigkeit geben.

Zeig mir deine Schwanzflosse …

… und ich sage dir, wie schnell du bist. Die Schwanzflosse ist beim Hai das, was beim Motorboot die Schraube ist. Der Hai bewegt die Schwanzflosse seitlich hin und her und erzeugt so den Antrieb. Genau genommen schlängelt sich dabei der ganze Haikörper durchs Wasser. Der Makohai hat eine große Schwanzflosse, was ihn extrem schnell macht. Mit bis zu 75 Stundenkilometern hält er den Geschwindigkeitsrekord unter

Atmen unter Wasser

Haie sind Fische und haben Kiemen. Hinter dem Kopf befinden sich bei den meisten Haiarten auf beiden Seiten je fünf Kiemenspalten. Der Hai atmet, indem er Wasser durch sein Maul aufnimmt. Er presst das Wasser durch die Kiemenspalten aus, wobei gleichzeitig Sauerstoff ins Blut aufgenommen und Kohlendioxid an das Wasser abgegeben wird. Viele Haiarten müssen dazu immer schwimmen, andere saugen Wasser aktiv ein.

Gehirn

Nasenöffnung

Gebiss
Die Zähne erneuern sich laufend. Fällt ein Zahn aus, schiebt sich sofort ein neuer von hinten nach.

Rückenmark

Speiseröhre

Rachenhöhle

Herz

▶ Schon gewusst?

Die Leber des Hais ist nicht nur für Verdauung und Entgiftung wichtig. Sie sorgt außerdem für Auftrieb und verhindert, dass der Hai absinkt! Während die meisten Knochenfische eine mit Gas gefüllte Schwimmblase haben, fehlt diese bei den Haien. Haie sind auf das leichte Öl in der Leber als »Schwimmhilfe« angewiesen.

den Haien. In Fahrt gekommen, kann er sich sogar bis zu sechs Meter aus dem Wasser herauskatapultieren! Bei langsameren Haiarten ist der untere Lappen der Schwanzflosse oft nicht mehr ausgebildet.

Noch mehr Flossen

Die Brustflossen dienen zum Steuern. Der Hai kann sie quer stellen und so auf der Stelle stoppen oder scharfe Haken schlagen. Die Brustflossen wirken wie die Tragflächen beim Flugzeug und verleihen dem Hai Auftrieb. Die Rückenflosse stabilisiert den Hai im Wasser und verhindert, dass er seitlich wegkippt.

Hai mit Wärmetauscher

Viele Haie, darunter der Weiße Hai, der Makohai und der Fuchshai, können ihre Körpertemperatur deutlich über der des sie umgebenden Wassers halten. Der Blutkreislauf basiert auf dem Gegenströmungsprinzip. Eine besondere Muskulatur im Inneren des Haikörpers funktioniert wie ein Wärmetauscher, der die Wärme zurückhält. So bleibt sie länger im Körperinneren. Der Hai ist auf höherer Betriebstemperatur und kann deshalb schneller reagieren. Damit sind diese Haie gegenüber kaltblütigen Fischen im Vorteil.

Vordere Rückenflosse
Sie verleiht dem Hai Stabilität beim Schwimmen und verhindert, dass er sich um die Längsachse dreht.

Haihaut
Während Knochenfische Schuppen haben, ist der Haikörper mit winzigen harten Hautzähnchen bedeckt. Diese Dentikel oder Placoidschuppen machen die Haihaut rau wie Sandpapier. Die Zähnchen haben meist Längsrillen und stehen dicht beieinander. Im Strömungskanal zeigt sich, dass eine solch raue Oberfläche dem Wasser besonders wenig Strömungswiderstand bietet. Nun überlegen Flugzeugbauer, die Oberfläche von Flugzeugen mit einer künstlichen Haihaut zu versehen, um so Treibstoff zu sparen.

Magen

Leber

Niere

Hintere Rückenflosse

Darm

Spiraldarm
Diese spiraligen Darmfalten vergrößern die Darmoberfläche. So kann der Hai besser verdauen.

Bauchspeicheldrüse

Brustflosse
Die beiden Brustflossen wirken als Steuerruder und machen den Hai wendig. Zusätzlich sorgen sie für Auftrieb.

Bauchflosse

Afterflosse

Schwanzflosse
Sie sorgt für den nötigen Schub.

Was ist ein Hai?

Haie der Urzeit

Die Haie tauchten vor etwa 420 Millionen Jahren auf. Woher wir das wissen? Es wurden versteinerte Skelette und Zähne gefunden. Wissenschaftler haben diese Fossilien untersucht und herausgefunden, dass schon die Haie der Urzeit ein flexibles Skelett aus Knorpel und nachwachsende Zähne hatten. Eine Schwimmblase hatten sie nicht. Aus diesen urzeitlichen Haien entwickelten sich die ersten Haie nach »modernem Bauplan«. Diese schwammen vor etwa 350 Millionen Jahren in den urzeitlichen Meeren, also lange bevor Dinosaurier auf unserem Planeten auftauchten.

So könnte Helicoprion (»spiralförmige Säge«) ausgesehen haben. Der fünfeinhalb Meter lange Hai lebte vor 280 bis 225 Millionen Jahren. Mehr als 180 Zähne sind zu einer eigentümlichen, sägeartigen Spirale aufgereiht. Wie genau der Hai seine »Kreissäge« einsetzte, darüber rätseln die Forscher noch. Vielleicht hast du ja eine Idee …

Während die großen Dinosaurier bei einem Massensterben vor ungefähr 66 Millionen Jahren verschwanden, haben die Haie die Katastrophe überlebt. Es gibt sie heute noch. Der Bauplan der Haie hat sich somit als äußerst erfolgreich bewährt. Der Hai ist ein Erfolgsmodell der Evolution!

Urzeitliches Fossil: Die Haie der Urzeit hatten wie heutige Haie ein Knorpelskelett, doch das zersetzte sich nach dem Tod eines Tieres sehr schnell und versteinerte nur selten. So sind nur wenige Fossilien erhalten.

Stethacanthus war bis zu zwei Meter lang und lebte vor über 360 Millionen Jahren. Seine Rückenflosse hatte die Form eines Schmiedeambosses. Wozu diese seltsame Rückenflosse wohl diente? Vielleicht schreckte sie andere Raubtiere ab. Oben auf dem Amboss befanden sich zahnähnliche Schuppen. Hinter jeder Brustflosse hatte Stethacanthus einen langen Stachel. Das machte ihn zu einer sperrigen und unbequemen Mahlzeit.

Der Zahn eines Megalodon. Dagegen wirkt der Zahn des Weißen Hais wie ein Mäusezähnchen.

Kraftvoll zubeißen

Megalodon, der größte Hai aller Zeiten, war noch vor zwei Millionen Jahren über alle Meere verbreitet. In Europa, Amerika, Australien und Afrika wurden seine fossilen Überreste entdeckt. Aus den versteinerten Zähnen und Wirbeln schlossen die Paläontologen, dass er etwa 15 Meter lang wurde. Mit seinem starken Biss hätte Megalodon sogar einen Kleinwagen zermalmen können. Der Riese hatte nicht nur messerscharfe Zähne, sondern auch scharfe Sinne für die Jagd. Er hörte und roch seine Beute schon von Weitem. Und da war noch ein geheimnisvoller Sinn für feinste elektrische Schwingungen, die jedes Tier von sich gab. Wahrscheinlich erbeutete Megalodon große Meeressäuger wie Robben, Delfine und Wale. Forscher haben sogar fossile Walknochen mit Bissspuren entdeckt, die zum Megalodongebiss passen. Einem Wal konnte er leicht eine Fluke abreißen. Seine Taktik war, die Beutetiere zu überraschen, zu verwunden und zu schwächen. Damit er sich beim Kampf möglichst nicht verletzte, zog sich Megalodon nach der ersten Attacke zurück. Er wartete erst einmal ab und griff später erneut an. So tut es der Weiße Hai heute noch.

Megalodon lebte wahrscheinlich bis vor 1,5 Millionen Jahren. Mensch und Megalodon sind sich so also nie begegnet.

Megalodongebiss. Wer solche Beißer hat, hat auch großen Appetit. Der freundliche Herr hält zum Vergleich das Gebiss eines Weißen Hais hoch.

Zähne für jeden Geschmack

Zahllose Zähne. Wie auf einem Fließband stehen neue Zähne bereit. Fällt ein alter Zahn aus, rückt der nächste nach.

So unterschiedlich Haie in Form und Größe sind, so unterschiedlich sind auch ihre Ernährungsvorlieben. Je nachdem, was sie gerne fressen, haben sie auch die passenden Zähne dazu. Einige Haigebisse sind wirklich furchterregend groß, wie das des Weißen Hais. Dessen Zähne sind dazu gemacht, Fleisch zu zerschneiden. Andere Haie haben spitze, nadelförmige Zähne, die einzig und allein dafür da sind Beute zu durchbohren und »festzunageln«. Haie, die sich am Meeresgrund wohlfühlen und dort im Sand nach Krebsen, Muscheln und Seeigeln wühlen, brauchen Zähne wie Nussknacker, um die harten Schalen zu knacken und an den leckeren Inhalt zu kommen.

Zähne ohne Ende

Haie haben keine Zahnprobleme. Beißen sie sich einen Zahn aus, so steht bereits ein neuer bereit. Im Kiefer warten mehrere Reihen mittelalter und jüngerer Zähne darauf nachzurücken, um einen ausgefallenen Zahn in der vorderen Reihe zu ersetzen. Man spricht auch von einem Revolvergebiss. Der Nachschub an Zähnen versiegt nie. Immer wieder rücken neue Zähne nach – mehrere Tausend in einem Haileben.

Große Haie, große Zähne?

Der ausgestorbene Riesenhai Megalodon hatte bis zu 17 Zentimeter große Zähne. Zum Vergleich: Die Zähne des Weißen Hais sind nur noch halb so groß. Das reicht ihm aber, um aus Robben größere Fleischbrocken herauszureißen.
Ausgerechnet der größte noch lebende Hai, der Walhai, hat die kleinsten Zähne. Wofür er sie benutzt, ist nicht bekannt, denn er muss weder Fische damit aufspießen noch Brocken aus größeren Meeresbewohnern herausreißen. Der Walhai ist ein Filtrierer: Er schwimmt gemütlich im Meer und seiht mit seinen Kiemendornen Kleinstlebewesen aus dem Wasser.

Mit den langen, spitzen Fangzähnen hält der Sandtigerhai die Beute fest, die er dann unzerkleinert im Ganzen schluckt.

Sehen gar nicht aus wie Zähne, sind aber welche. Im vorderen Teil des Kiefers sitzen kleine Zähnchen, mit denen der Port-Jackson-Stierkopfhai Seeigel und Krebse packt. Mit den flacheren und größeren Mahlzähnen weiter hinten im Kiefer knackt er die Schalen seiner Beute.

➡ **Rekord 30 000 Zähne** kann ein Hai im Laufe seines Lebens bekommen. Beim Menschen sind es gerade mal 52.

Großes Maul mit großen Zähnen: In der vorderen Reihe hat der Weiße Hai etwa 50 Zähne in seinem Maul. Dank seines Revolvergebisses muss er sich um neue Zähne keine Sorgen machen.

Revolvergebiss
Die abgenutzten Zähne fallen aus und werden durch Zähne ersetzt, die von hinten nachschieben.

Nachschub
In Warteposition: Mehrere Reihen junger Zähne stehen bereit, um ausgefallene Zähne zu ersetzen.

Die gezackten Schneidekanten erinnern an Steakmesser. Damit kann der Weiße Hai auch große Beute zerlegen.

Bequeme Zahnpflege. Putzerfische reinigen bei Haien die Zähne.

Die scharfen Sinne der Haie

Mit ihren vielfältigen Sinnen sind Haie ständig auf Empfang. Vom Kopf bis zum Schwanz zieht sich beidseits das Seitenlinienorgan hin.

Wo versteckt sich Beute, wo wartet der richtige Partner auf mich und wie finde ich mich in den Weiten der Meere zurecht? Für Haie ist das alles kein Problem, denn sie haben im Laufe der Evolution außergewöhnlich scharfe Sinne mit hochempfindlichen Sensoren hervorgebracht, über die wir Menschen nur staunen können.

Licht verstärken

Die Augen liegen bei den meisten Haien seitlich, bei am Boden lebenden Arten aber oben am Kopf. Bei den Hammerhaien sitzen die Augen besonders weit auseinander – an den Enden ihres hammerförmigen Kopfes. Das verleiht ihnen eine gute Rundumsicht. Haie können sogar bei Dämmerlicht noch gut sehen. Dafür sorgt das Tapetum lucidum. Diese Schicht befindet sich direkt hinter der Netzhaut des Auges und schickt das Licht noch einmal zurück durch die Netzhaut mit ihren lichtempfindlichen Sinneszellen. Das Tapetum lucidum wirkt so wie ein Lichtverstärker. Diese Schicht ist auch der Grund, warum angestrahlte Haiaugen grün oder gelb leuchten – ähnlich wie die Augen von Katzen, die für ihr gutes Sehvermögen bekannt sind. Kurz bevor ein Hai zubeißt, rollt er die Augen nach hinten oder schiebt eine schützende Nickhaut darüber. So kann den Augen nichts passieren, auch wenn sich die Beute heftig wehrt.

Fern tasten

Alle Haie haben an beiden Körperseiten vom Kopf bis zu den Schwanzspitzen das Seitenlinienorgan. Du kannst es von außen nicht sehen, denn es liegt unter der Haut. Das Seitenlinienorgan ist ein Kanal, der mit Gallerte gefüllt und durch winzige Poren mit der Oberfläche verbunden ist. Die Gallerte leitet Druckwellen vom umgebenden Wasser zu hochempfindlichen Sinneszellen weiter. So nimmt der Hai vorbeischwimmende oder zappelnde, verletzte Beutetiere wahr. Das Seitenlinienorgan ist eine Art Ferntastsinn, mit dem der Hai sogar feststellen kann, in welche Richtung Fische schwimmen. Über den Körper verteilt sind außerdem sogenannte Grubenorgane. Damit registriert der Hai mechanische Reize wie etwa die Wasserströmung. Zusätzlich befinden sich zahlreiche Druck- und Temperatursensoren über die Haut verteilt. Die Haut eines Hais ist also über und über mit Sensoren bestückt.

In die Tiefe schmecken

Haie, die sich am Meeresboden aufhalten, haben oft Bartfäden ums Maul. Mit diesen Barteln riechen und schmecken die Haie sogar in den Meeresboden hinein. Sie können Beutetiere aufstöbern, die sich im Sand des Meeresbodens eingegraben haben und dort verstecken.

Blut riechen

Für gewisse Stoffe ist der Geruchssinn eines Hais zehntausendmal empfindlicher als unserer. So können Haie Beute über Hunderte von Metern genau orten. Die Geruchszellen befinden sich in den beiden Nasengruben auf der Haischnauze. Damit wittern Haie sogar Blut, das eine Milliarde mal verdünnt im Wasser vorliegt.

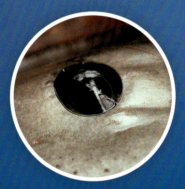

Das Auge des Weißen Hais ist klein und schwarz.

Das Schwellhaiauge hat eine »Spritzwaschanlage«.

Über das Tigerhaiauge schiebt sich die weiße Nickhaut.

In seinem Maul trägt der Weiße Hai empfindliche Geschmacksknospen. Nach einem Probebiss entscheidet er, ob er seinen Fang frisst oder wieder ausspuckt.

Die Schnauze des Tigerhais ist mit Poren übersät. Diese Lorenzinischen Ampullen sind empfindliche Elektrosensoren.

Fein schmecken

Was der Hai nicht kennt, wird erst einmal vorgekostet. Mit den Geschmacksknospen in Maul und Schlund entscheidet ein Hai nach einem Probebiss, ob er ein Tier wirklich fressen will oder es lieber gleich wieder ausspuckt. Ausgesprochen lecker finden Haie Beute, die besonders fett ist. Mageres Fleisch mögen sie gar nicht.
Manche Schollen wie die Mosesscholle halten sich Haie vom Leib, indem sie sich mit einem grässlich schmeckenden, giftigen Schleim umgeben. Wer schlecht schmeckt, lebt länger.

Weit hören

Haie haben zwar keine sichtbaren Ohrmuscheln; dennoch haben sie Ohren. Diese befinden sich direkt hinter den Augen im Inneren des Kopfes. Damit nimmt der Hai Schallwellen im Wasser wahr und hört auch Geräusche, die von Beutetieren in mehreren Kilometern Entfernung ausgehen. Im Ohr sitzt auch das Gleichgewichtsorgan, mit dem der Hai ständig seine Lage im Wasser kontrolliert.

Der Teppichhai erschmeckt versteckte Tiere mit den Barteln.

Strom spüren

Haie haben einen Sinn, der uns Menschen völlig fremd ist: Haie können selbst schwache elektrische Felder wahrnehmen, die andere Tiere aussenden, wenn sie ihre Muskeln bewegen. Wer sich bewegt, verrät seine Position. Wer sich nicht bewegt, wird dennoch erkannt. Denn auch in völliger Ruhe schlägt immer noch das Herz und das Herzklopfen entgeht dem Hai nicht. Die Sinneszellen, die sogenannten Lorenzinischen Ampullen, mit denen dies möglich ist, befinden sich in der Haischnauze und sind als Poren für uns sichtbar. Wahrscheinlich benutzen die Haie die Lorenzinischen Ampullen auch als eine Art Kompass und nehmen damit das Magnetfeld der Erde wahr. Auf ihren Streifzügen könnten sie sich an den Magnetfeldlinien orientieren.

Schlaue Jäger

Schwarmfischen ist Teamarbeit. Ein Rudel Bronzehaie hat einen Sardinenschwarm zu einer Kugel zusammengetrieben. Nun durchstoßen die Haie die Kugel und schnappen sich ihren Anteil.

Haie sind Räuber. Aber nicht alle Haie sind einsame Jäger. Viele Arten, darunter der Blauhai, gehen in der Gruppe auf die Jagd. Andere Haie gehen sogar einen Schritt weiter. Sie tun sich zusammen und scheinen sich bei der Jagd »abzusprechen«. Wiederum andere Haiarten machen es sich ganz leicht: Sie lauern geduldig auf Beute, bis arglose Tiere direkt vor ihr Maul schwimmen. Hier sind die wichtigsten Jagdstrategien der Haie.

Sprintjäger
Wer schnelle Fische jagen will, muss selber schnell sein. Große Fische wie Thunfisch und Marlin sind eine lohnende Beute. Um sie zu fangen, muss der Hai schnell »Gas geben« können. Der Makohai bringt es mit viel Energieeinsatz auf sportliche 75 Stundenkilometer. Um sein Körpergewicht von rund 500 Kilogramm zu halten, muss er jeden Monat Beutetiere schnappen, die mindestens genauso viel wiegen wie er selbst. Merke: Große Haie fressen große Fische.

Einkreisen
Sandtiger- und Bronzehaie jagen gemeinschaftlich in der Gruppe. Zunächst treiben sie die Beutetiere zusammen. Sandtigerhaie peitschen mit ihrem Schwanz und drängen einen Fischschwarm in flacheres Wasser. Die Fische schwimmen dabei immer dichter zusammen und werden dadurch zu einer leichten Beute. Nun müssen die Haie nur noch in den Schwarm hineinstoßen und zuschnappen. Fuchshaie kreisen ebenfalls Fischschwärme ein. Dann schlagen sie mit ihren langen Schwanzflossen in den Schwarm hinein und schnappen sich die benommenen oder betäubten Fische.

Bodenjäger
Weniger ausdauernde Schwimmer wie der Ammenhai legen sich gerne am Meeresboden ab. Der Ammenhai kennt die eher langsamen Bodenbewohner und weiß, wie er sie am besten aus ihren Verstecken holt. Weil er nicht in jede Spalte kommt, saugt oder pustet er die Beute aus dem Versteck heraus. Zu den Bodenjägern gehören auch Meersauhaie, die ganz wild auf Würmer sind. Die Jagd am Boden ist jedoch nicht ungefährlich. Wenn ein Port-Jackson-Hai nachts auf die Suche nach Stachelhäutern und Mollusken geht, muss er aufpassen, dass er nicht selber Opfer eines Meeresbewohners wird, der am Boden lauert.

Lauerjäger
Der Teppichhai liegt platt am Boden. Sein Kopf ist umgeben von zotteligen Fransen, die sich wie Algen im Wasser bewegen. Das lockt Tintenfische, Krabben und Plattfische an. Manchmal kommt auch ein Port-Jackson-Hai vorbei. Nun muss der Teppichhai nur noch zuschnappen. Der Angriff aus dem Hinterhalt spart Energie, denn der Teppichhai muss dem Essen nicht hinterherjagen. Neben Geduld und Zeit bedarf es für diese Art der Nahrungsbeschaffung einer perfekten Tarnung. Aber dafür hat die Natur tolle Tarnmuster hervorgebracht. Raffinierte Streifen- und Fleckenmuster lassen den

Der Fransen-Teppichhai lauert flach am Meeresboden auf Beute.

Gut getarnt wartet der Engelshai, bis sein Essen vorbeischwimmt.

Ammenhaie werden bis zu drei Meter lang. Tagsüber liegen sie faul unter Riffüberhängen. Nachts stöbern sie in den Riffen nach Bodenbewohnern.

Lauerjäger mit dem Untergrund verschmelzen, sodass andere ihn erst sehen, wenn es schon zu spät ist.

Mülleimer der Meere

Der Tigerhai kann bis zu sieben Meter lang werden. Aufgrund seiner Größe hat er kaum Feinde und frisst so ziemlich alles: Fische jeder Größe, auch andere Haie und Rochen, Meeressäuger, Meeresschildkröten und Seevögel. Er schluckt auch weniger bekömmliche Dinge. In den Mägen von Tigerhaien wurden schon die unglaublichsten Gegenstände gefunden: Autoreifen, Rollschuhe, Stücke von Surfbrettern, Musikinstrumente, Autokennzeichen, Eimer und sonstiger Abfall, den die Menschen in die Meere kippen und über Bord werfen. Es sollen sogar schon Teile einer Ritterrüstung im Bauch eines Tigerhais gefunden worden sein.

Angeberwissen

▶ Haie können lange Zeit ohne Nahrung auskommen. Der Weiße Hai kann sogar einige Monate überstehen, ohne zu fressen. Er lebt dann ausschließlich von dem in der Leber gespeicherten Öl.

Großes Maul – sanftmütige Riesen

Sie haben ein riesiges Maul, aber du brauchst dich nicht vor ihnen zu fürchten. Die größten Haie sind zugleich auch die harmlosesten. Sie filtrieren Kleinstlebewesen aus dem Wasser, die in ihren Kiemenreusen hängen bleiben. Dieses Plankton besteht aus winzigen Pflanzen und Tieren, die im Wasser treiben und meist nur unter dem Mikroskop gut zu erkennen sind. Um ihre riesigen Körper ernähren zu können, spüren die filtrierenden Haie besonders reichhaltige Futtergebiete auf. Es gibt nur drei Haiarten, die sich so ernähren: Walhai, Riesenhai und Riesenmaulhai.

Walhai

Die riesigen Walhaie besuchen immer wieder Korallenriffe, an denen zu bestimmten Zeiten große Mengen von tierischem Plankton und andere kleine Lebewesen zu finden sind. Nahe der Wasseroberfläche ziehen die Riesen langsam ihre Runden durch die Planktonwolken. Dabei saugen die Walhaie aktiv Wasser in ihr Maul – und damit ihr Fressen.

Riesenhai

Der bis zu zehn Meter lange Riesenhai saugt nicht! Er kreuzt im Fußgängertempo unter der Wasseroberfläche; die riesigen Kiefer sind dabei weit geöffnet. Man sieht in seinem Maul die weißen Kiemenbögen und dazwischen jeweils die Kiemendornen, in denen das Plankton hängen bleibt. Hat sich genug davon angesammelt, schließt der Riesenhai das Maul, rüttelt die Kiemen und schluckt den Planktonbatzen hinunter.

Riesenmaulhai

Die Heimat des über fünf Meter langen Riesenmaulhais sind die Gewässer in etwa 150 Metern Tiefe. Nur nachts kommt er höher – bis auf 15 Meter Tiefe. Wahrscheinlich folgt er den Krillwolken. Um sein eigentümliches Maul herum sitzen Photophoren. Diese selbstleuchtenden Flecken locken Plankton, Krebse und auch kleinere Fische an.

Zum Plankton gehört alles, was frei im Wasser treibt.

Tierisches Plankton, die nächste Stufe der Nahrungspyramide

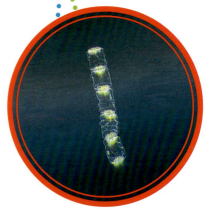

Pflanzliches Plankton nutzt die Energie des Sonnenlichts und baut organisches Material auf. Diese grünen Mikroorganismen sind die Basis der Nahrungspyramide im Meer.

Der Riesenhai reißt sein Maul weit auf und schwimmt durchs Wasser. So filtert er pro Stunde 1 800 Tonnen Wasser.

Der Walhai frisst alles, was klein ist – auch Schwärme kleinerer Fische.

Wenn Korallen laichen und Samen und Spermien ins Wasser abgeben, finden die riesigen Walhaie dort reichlich Nahrung.

Der Riesenmaulhai frisst winzige Garnelen der Tiefsee.

▶ Schon gewusst?

Der Riesenmaulhai ist camerascheu. Vom Riesenmaulhai sind seit seiner Entdeckung im Jahr 1976 bis zum Jahr 2012 nur 55 Sichtungen gemeldet worden. Nur drei Begegnungen konnten auf Film festgehalten werden. Meist wurde er von Fischern gefangen oder tot angeschwemmt.

Ohne Haie kein Leben im Meer

Die unermesslich großen Ozeane empfinden viele Menschen als eine furchteinflößende und fremde Welt. Schließlich herrscht dort ein großes Fressen und Gefressen-Werden. Je mehr wir jedoch über das Leben in den Meeren lernen, umso faszinierender erscheint uns dieser Lebensraum.

Vom Kleinen zum Großen

Die Großen fressen die Kleinen und ganz am Ende stehen die großen Räuber, die Haie. Alles beginnt mit dem Phytoplankton: Das sind winzige Algen und sogenannte Cyanobakterien. Beide sind nur unter dem Mikroskop oder mit einer starken Lupe zu sehen. Das Besondere an diesen Organismen ist ihr grüner Farbstoff, mit dem sie die Energie des Sonnenlichts nutzen können. Aus Kohlendioxid und Wasser bauen sie Zucker und andere Baustoffe auf. Dieser Prozess heißt Photosynthese und ist enorm wichtig, denn fast alles Leben im Meer hängt davon ab. Wer diesen grünen Farbstoff nicht hat und die Sonnenenergie nicht direkt nutzen kann, der muss eben andere fressen: Pflanzen oder Tiere.

Robben

Wirbellose
Oktopus (oben) und Kalmar (unten) fressen kleinere Fische.

Weißer Hai
Spitzenprädatoren wie der Weiße Hai stehen ganz oben in der Nahrungspyramide. Er frisst Meeressäuger wie Robben, große Fische wie den Thunfisch und auch Wirbellose wie Kalmare.

Thunfisch
Große Fische wie der Thunfisch fressen kleinere Fische, Kalmare und Quallen.

Nahrungspyramide

Im Meerwasser treibt nicht nur mikroskopisch kleines pflanzliches Plankton, sondern auch kleine Tiere, das Zooplankton. Es bildet die nächste Stufe der Nahrungspyramide. Zum Zooplankton gehören kleine Ruderfußkrebse, Quallenlarven und die Quallen selbst, ebenso Fischeier und Fischlarven. Viele sind nur unter dem Mikroskop sichtbar, andere werden einige Millimeter lang. Plankton treibt im Meerwasser und ist den Strömungen ausgeliefert, vor allem aber kann es nicht vor den Fischen davonschwimmen, die sich von ihm ernähren. Kleinere Fische werden von größeren Fischen gefressen, die wiederum Beute für Tintenfische sind, und die werden von Haien gefressen. Fische werden aber auch von Haien direkt gefressen oder von Robben. Es ist also keine Nahrungskette, sondern eher ein Nahrungsnetz oder eben eine Nahrungspyramide. Die Haie und vor allem die großen Haie wie der Weiße Hai stehen dabei ganz oben auf der Nahrungspyramide. Sie sind Spitzenräuber. Ein anderes Wort dafür ist Topprädatoren. Klingt gefährlich!

Warum Haie so wichtig sind

Haie stehen an der Spitze der Nahrungspyramide und sind die Regulatoren im Meer. Je nach Art fressen Haie kranke und alte Tiere oder kleinere Raubfische und verhindern, dass sich bestimmte Fischarten übermäßig vermehren. Dies könnte nämlich zu einem Ungleichgewicht führen. Verringert sich die Anzahl der Haie oder sterben Haiarten aus, hat das schwerwiegende Folgen für das Gleichgewicht der Arten. Ohne Haie gäbe es zu viele Räuber der nächstniedrigen Stufe. Das Gleichgewicht wäre an dieser Stelle gestört. Die Störung setzt sich in den darunterliegenden Stufen der Nahrungspyramide fort – bis hinunter zum Plankton. Haie sind also ein wichtiger Bestandteil des Ökosystems Meer. Deshalb ist es wichtig, Haie zu schützen!

Ein kleiner Ausschnitt aus der Nahrungspyramide, an deren Spitze Topprädatoren wie die Haie stehen. Doch diese könnte es nicht geben, stünde die Pyramide nicht auf einer breiten Basis, die von pflanzlichem Plankton gebildet wird. Indirekt leben also all diese Tiere vom Licht der Sonne.

Phytoplankton
Die mikroskopisch kleinen Wasserpflanzen fangen mit ihrem grünen Farbstoff die Energie der Sonne ein.

Sardine
Kleine Fische wie Sardinen fressen Zooplankton. Dazu gehören auch Ruderfußkrebse.

Quallen
Fast alle Quallen ernähren sich von meist tierischem Plankton, manche fangen auch kleinere Fische.

Fischeier

Ruderfußkrebse
Zooplankton frisst pflanzliches Plankton (Phytoplankton).

Fischlarven
Die zum Zooplankton zählenden Fischlarven ernähren sich unter anderem von Phytoplankton.

Sind Haie Einzelgänger?

Der Weiße Hai galt lange Zeit als Einzelgänger. Dabei hat er ein interessantes Sozialleben.

Lange Zeit dachte man, dass die meisten Haiarten als Einzelgänger die Meere durchstreifen, immer auf der Suche nach der nächsten Beute. Inzwischen haben Forscher neue Erkenntnisse über das Verhalten der Haie herausgefunden. Natürlich gibt es nicht »den Hai«. Von den über 450 Haiarten, die wir kennen, hat jede ihren eigenen Lebensstil und auch ganz typische Gewohnheiten im Umgang mit den Kollegen der eigenen Art.

Ist der Weiße Hai immer allein?

Der Weiße Hai ist ein einsamer Jäger der Weltmeere – so stellten es sich sogar Haiexperten lange Zeit vor. Inzwischen gibt es jedoch spannende Neuigkeiten über das Verhalten dieser Tiere. Der Weiße Hai ist gar kein Einzelgänger! Oft zeigt er sich in kleineren Gruppen von bis zu zehn Tieren, die wahrscheinlich gemeinsam jagen. In diesen Gemeinschaften gibt es auch eine Hierarchie und die Tiere machen unter sich aus, wer über dem anderen steht.

Wer ist hier der Chef?

Wollen zwei Weiße Haie klären, wer das Sagen hat, schwimmen sie zunächst für eine kurze Zeit parallel nebeneinander. So vergleichen die beiden ihre Körperlänge. Der Größere gewinnt erst einmal. Nun schwimmen die Kontrahenten aufeinander zu. Wer als Erster ausweicht, hat verloren. Manchmal zeigt der Unterlegene mit einem Buckel an, dass er sich freiwillig unterordnet. Diese Art der Absprache ist enorm wichtig. Denn wenn die Rangordnung auf friedliche Weise geklärt wird, braucht es keine Kämpfe. Die Tiere ersparen sich so blutige Auseinandersetzungen.

Unglaublich!
In einer Haischule können sich bis zu 1 000 Tiere versammeln.

Gemeinsam und nicht allein

Weißspitzen-Riffhaie halten sich tagsüber an besonders geschützten Orten auf. Die roten Kardinalfische haben nichts zu befürchten. Es ist noch nicht die richtige Zeit zum Jagen.

Von vielen Haiarten wissen wir, dass sie sich in Gruppen versammeln. Ein Vorteil des Gemeinschaftslebens: Die oft gleichgeschlechtlichen Gruppen von Männchen und Weibchen werden von Feinden seltener angegriffen. Beispiel Weißspitzen-Riffhaie: Sie ruhen tagsüber nebeneinanderliegend auf dem Boden unter Felsüberhängen. Denkbar, dass sie nach dem Motto »gemeinsam sieht man mehr« Gefahren schneller erkennen. Es könnte aber auch sein, dass es sich um besonders gute und daher seltene Ruheplätze handelt, die man sich eben teilt. Vielleicht fördert das gemeinsame Kuscheln auch den Zusammenhalt?

Jagdgesellschaft

Wenn die Weißspitzen-Riffhaie nachts auf Jagd gehen, scheint es auf den ersten Blick, als würden sie im Team zusammenarbeiten. Tatsächlich aber wird gerempelt und gestoßen. Wahrscheinlich werden die Haie nur von besonders futterreichen Stellen angezogen und streiten sich nun darum.

In die Haischule gehen

Manche Haiarten versammeln sich in riesigen Schwärmen, sogenannten Schulen. Manchmal treffen sich mehrere Schulen, sodass sich Ansammlungen von mehreren Hundert, in einigen Fällen sogar von über tausend Tieren bilden. Die Unterwasserberge – vulkanische unterseeische Erhebungen – sind beliebte Treffpunkte von Hammerhaischulen. Denn dort herrschen nährstoff- und planktonreiche Aufwärtsströmungen, die kleinere und größere Fische anziehen – und letztendlich auch Haie. Tagsüber umkreisen die Schwärme friedlich die Gipfel dieser Berge. In der Abenddämmerung lösen sich die Schulen allmählich auf und jeder Hai geht alleine auf die Jagd.

Nette Haidame sucht klasse Partner

Wahrscheinlich suchen die Haie in den Gruppen aber auch ihre Partner, um sich fortzupflanzen. Im weiten Meer findet man einen Schwarm schließlich schneller als vereinzelte Tiere. In einem Hammerhaischwarm weiß das Männchen auch sofort, wo es suchen muss: in der Mitte! Nur dort schwimmen die stärksten, ranghöchsten und damit attraktivsten Weibchen. Spekulationen zufolge gibt es sogar Hai-Freundschaften zwischen einzelnen Tieren. Aber es fehlen noch zuverlässige Beobachtungen. Hier gibt es also noch einiges zu tun für zukünftige Haiforscher.

Hammerhaie sind berühmt für ihre großen Schulen.

Nachts durchstöbern die Weißspitzen-Riffhaie als Rudel das Korallenriff.

Tierische Begleiter

Ein Hai schwimmt niemals allein durch die Meere. Es gibt immer jemanden, der an ihm Interesse hat, um ihm zu schaden. Diese Tiere heißen auch Parasiten. Es gibt aber auch Begleiter, die einen Vorteil von der Partnerschaft haben und dem Hai dabei nützen. In diesem Fall sprechen die Biologen von Symbiose.

Unliebsame Begleiter
Haie werden oft von Parasiten wie Asseln oder Ruderfußkrebsen befallen.

In der Tiefsee lauern solche Ruderfußkrebse auf den dort jagenden Grönlandhai. Sie locken ihn mit ihrem Leuchten an und setzen sich dann auf der Hornhaut des Haiauges fest. Oft sitzen gleich mehrere auf dem Auge und zerstören die Hornhaut. Mit schlimmen Folgen: Der Hai erblindet schließlich. Allerdings bleiben ihm noch die vielen anderen Sinne, mit denen er gut zurechtkommt.

Mit ihrer Saugplatte haften sich Schiffshalter-Fische an das Wirtstier und fressen Parasiten auf der Haut.

Mal schwimmen sie auf der Bugwelle des Walhais, mal im Strömungsschatten. Die Pilot- oder Lotsenfische ernähren sich von den Nahrungsresten und von Parasiten auf den Wirtstieren. Am Bauch hängen Schiffshalter-Fische.

Schönheitssalon und Zahnpflege. Der Hai sucht eine Putzerstation auf, öffnet das Maul und lässt sich geduldig von den kleinen Putzerfischen Zähne, Maul und Kiemen pflegen.

Mit dem Elektronenmikroskop sieht man den winzigen Kiemenparasit. Er krallt sich mit seinen spitzen Klauen am Hai fest und macht ihm das Leben schwer.

Suche Mitfahrgelegenheit ...

... biete Putzdienst und medizinische Dienstleistungen. So könnte man das Angebot formulieren, das Schiffshalter und Pilotfische ihrem Wirtstier machen. Den Namen »Pilotfisch« verdanken sie der irrtümlichen Ansicht, diese Fische würden ihren größeren Partner durch die Weiten der Ozeane führen. Das aber ist falsch. Es ist genau andersherum. Der Große gibt die Richtung vor und kümmert sich gar nicht um die kleinen Mitfahrer. Die Pilotfische nutzen lediglich die Bugwelle oder den Strömungsschatten. Das Wirtstier hat aber einen eindeutigen Vorteil. Vor allem dann, wenn es weit entfernt von der nächsten Putzerstation eines Korallenriffs ist. Es hat seine Putzkolonne immer bei sich. Schiffshalter sind Fische, die sich an Haie, Mantas und Rochen, aber auch an Schildkröten festsaugen. Sie müssen nicht selber schwimmen und putzen dafür den Wirt, indem sie lästige Parasiten fressen.

Der Wirt bekommt eine Reinigung, der Schiffshalter kostenlose Mahlzeiten und Schutz vor Räubern. Doch nicht immer ist der Hai glücklich über seine tierischen Begleiter, denn sie erhöhen beim Schwimmen seinen Widerstand im Wasser. Manchmal versucht er, sie einfach abzuschütteln. Das könnte auch der Grund sein, warum manche Haie aus dem Meer springen. Beim Zurückfallen ins Wasser könnten sie lästige Begleiter loswerden.

Der Grönlandhai geht in der Tiefsee auf die Jagd. Mit seinen empfindlichen Augen nimmt er das Licht wahr, das viele Tiefseebewohner aussenden. Doch die Augen dieser Haie sind oft von Ruderfußkrebsen befallen. Für den Hai bedeutet dies oft, dass er erblindet.

Verhalten

Fast fünf Meter lang und 1 200 Kilogramm schwer ist Mary Lee. Am 17. September 2012 bekam die stattliche Haidame ihren Sender verpasst. Dabei wurde sie über einen Schlauch mit Wasser »beatmet«; dann durfte sie wieder zurück ins Meer.

Immer auf Achse

Der Weiße Hai ist der wohl berühmteste Hai der Welt. Dennoch wissen wir nur wenig über ihn. Forscher wollen das nun ändern. Sie locken Weiße Haie mit Ködern an, betäuben sie und ziehen die Tiere auf eine schwimmende Plattform. Nun können sie einen Sender an der Rückenflosse befestigen. Diese Sender sind so klein, dass sie die Haie nicht weiter beim Schwimmen behindern. Dafür liefern sie genaue Informationen, wo sich der Hai gerade aufhält und wie tief er taucht.

Auf der Haiautobahn

Die Peilsender schicken ihre Daten zu einem Satelliten und verraten den Forschern die Wanderrouten der markierten Haie. Früher glaubte man, dass es ortsgebundene Weiße Haie gäbe, die in den Gewässern vor Südafrika leben, andere wiederum um Australien oder an anderen ganz bestimmten Orten. Dank der Sender wissen wir heute, dass Weiße Haie immer auf Achse sind und oft gewaltige Strecken in den Weltmeeren zurücklegen. Ein Weißer Hai namens Nicole – nach der australischen Schauspielerin Nicole Kidman benannt – erwies sich als überaus sportliche Haidame. Sie schwamm von Südafrika nach Australien und wieder zurück und legte innerhalb von nur neun Monaten 20 000 Kilometer zurück. Weitere markierte Haie bestätigten,

Übrigens!

Auch du kannst live mitverfolgen, wo sich die markierten Haie gerade befinden und welche Strecke sie bereits zurückgelegt haben. Gehe dazu einfach ins Internet: http://sharks-ocearch.verite.com/

Der markierte Hai ist wieder im Wasser. Ein letztes Hai-Lächeln und ab geht die Reise.

5. Februar 2013
Mary Lee schwimmt mitten auf dem Atlantik Richtung Süden.

12. Februar 2013

23. Februar 2013
Mary Lee schaut bei den Bermudas vorbei.

Die Wanderungen von Mary Lee. Die Haidame ist 1 570 kg schwer und 4,90 m lang. Sie wurde am 17. September 2012 mit einem Sender markiert. Seitdem funkt sie ständig Grüße von ihrer Reise. Mal kreuzt sie in Küstennähe, dann wieder wagt sie sich aufs offene Meer hinaus. Sie hält ihren Kurs stets bei – natürlich weiß sie, wo es langgeht.

11. März 2013
Kursänderung. Es geht wieder Richtung Festland.

dass Weiße Haie nicht ziellos durch die Ozeane schwimmen, sondern ganz bestimmten Routen folgen. Sie nutzen dabei die Meeresströmungen, folgen dem Nahrungsangebot und schwimmen auf regelrechten »Haiautobahnen«. Dabei trödeln die Tiere nicht, sondern legen große Strecken zielgerichtet mit hoher Geschwindigkeit zurück. Sie wissen also genau, wo es langgeht.

Das Café zum Weißen Hai

Wie auf echten Autobahnen gibt es auch bei den Haien Raststätten. Eine liegt zwischen den Hawaii-Inseln und der nordamerikanischen Westküste mitten im Pazifischen Ozean. Wie in einem Café treffen sich hier Weiße Haie und wie in einem Café geht es hier ums Essen und ums Sehen und Gesehen-Werden. Mal schauen, wer da ist. Die Forscher nennen diesen Ort deshalb auch »The White Shark Café«. Vermutlich suchen sich die Haie an diesem Ort ihre Partner. Wahrscheinlich bringen sie hier auch ihre Jungen zur Welt. Ganz offensichtlich sind die Weißen Haie alles andere als die Einzelgänger, für die man sie lange Zeit gehalten hat. Das Sozialverhalten der Tiere wollen die Forscher nun genauer studieren.

Hai mit Sender an der Rückenflosse. Die Daten helfen, das Verhalten der Haie zu verstehen.

Mit dem Schwanz voran kommt dieser Zitronenhai auf die Welt.

Einen mächtig dicken Bauch hat dieses schwangere Weißspitzen-Riffhaiweibchen.

An diesem Blauhai hängt noch der Dottersack, von dem er sich im Bauch der Mutter ernährt hat.

Fortpflanzung und Nachwuchs

Knochenfische legen meist Tausende, oft Millionen von Eiern im Wasser ab. Die meisten werden im Ei- oder im Larvenstadium noch von anderen Fischen gefressen. Haie sind Knorpelfische und sichern ihren Fortbestand auf andere Art. Haie können auf drei verschiedene Weisen zur Welt kommen.

Wie kommen Haie auf die Welt?

Manche Haiarten, darunter Teppichhaie und Katzenhaie, legen Eier. Ähnlich wie Vögel, Fische oder manche Reptilien legt das Haiweibchen befruchtete und von einer Schale umgebene Eier. Allerdings sehen diese Eier höchst eigenartig aus. Hammerhaie und Blauhaie gehören zu den Haien, die ihre Jungen lebend gebären.

Die Kleinen wachsen im Bauch der Mutter heran und kommen als kleine Haie zur Welt. Der dritte Weg verläuft über Eier, aus denen die Jungen noch im Mutterleib schlüpfen, um sich dort noch einige Zeit weiterzuentwickeln. Schließlich kommen auch sie lebend zur Welt. So werden Sandtigerhaie und auch der Weiße Hai geboren.

Fast wie bei den Hühnern ...

... oder doch ganz anders? Katzenhaie legen Eier, ähnlich wie Hühner. Nur sehen die Haieier überhaupt nicht wie Eier aus. Die Eikapsel des Katzenhais ist ledrig und sieht aus wie ein kleines Täschchen. Manchmal findet man angespülte Eier auch am Strand. Früher hielt man sie wohl für die Täschchen von Meerjungfrauen und nannte sie

→ Schon gewusst?

Junge Haie heißen Welpen, genauso wie junge Hunde und junge Wölfe.

Das Weibchen des Hornhais legt schraubenförmige Eikapseln.

deswegen »Nixentäschchen«. Das Weibchen des Katzenhais verankert seine Eier mit Haltefäden an Meerespflanzen oder Korallen. Die Haimutter kümmert sich nicht weiter um die Eier. In den Eiern entwickeln sich nun zwei Jahre lang die Jungtiere ganz alleine. In dieser Zeit ernähren sie sich vom Dottersack. Ist der Dotter aufgebraucht, schlüpfen die Jungen und sind ganz auf sich gestellt.

Das Hornhaiweibchen legt schraubenförmige Eier, die es meist in Felsspalten hineinschraubt. Sicher verkeilt, kann so ein Hornhai heranwachsen.

Lebend gebärend

Hammerhaie legen keine Eier, sondern bringen lebende Junge zur Welt. Diese haben sich im Bauch der Mutter entwickelt. Mit einer Nabelschnur waren sie mit dem Körper der Mutter verbunden und mit Nährstoffen versorgt. Wie viele Tiere geboren werden, hängt von der Art ab. Beim Korona-Hammerhai sind es oft nur zwei, beim Bogenstirn-Hammerhai können es mehr als 30 sein. Die Mutter kümmert sich nicht weiter um ihre Jungen. Diese müssen sich selber versorgen.

Von beidem etwas

Ein bisschen Ei, ein bisschen lebend geboren, so kommen Leopardenhaie oder Weiße Haie zur Welt. Die Weibchen legen nicht Eier im Wasser ab, sondern die Eier entwickeln sich im Körper der Mutter. Die Jungtiere wachsen also in der Eihülle heran. Immer noch im Körper der Mutter schlüpfen sie aus der Eihülle und wachsen dort weiter. Schließlich werden sie lebend geboren. Man nennt diesen Weg »ei-lebendgebärend«. Bei einer solchen Geburt ist so einiges los, denn ein Leopardenhaiweibchen kann auf einmal bis zu 30 Junge bekommen. Die Babys messen bei der Geburt 20 Zentimeter.

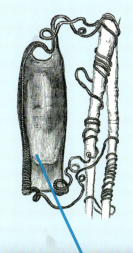

Die Eikapsel eines Katzenhais ist mit Schnüren an Seetang befestigt. Durch die Eihülle scheint der Dotter, der den heranwachsenden Hai ernährt. Nach fast einem Jahr ist der Eidotter aufgebraucht. Das Junge schlüpft. Es hat am Rücken zwei Reihen Hautzähne, die ihm das Schlüpfen erleichtern.

Angeberwissen

▶ Die Tragzeit der Haie, also die Zeit von der Befruchtung bis zur Geburt, dauert im Durchschnitt ein bis zwei Jahre. Dann bringt das Haiweibchen je nach Art 2 bis 100 Junge zur Welt.

▶ Hornhai: Tragzeit 8 Monate, 20 schraubenförmige Eier

▶ Dornhai: Tragzeit 24 Monate, 7 Jungtiere

▶ Tigerhai: Tragzeit 15 Monate, mehr als 50 Jungtiere

Weiß gepunkteter Bambushai in der Eihülle. Wenn sich Räuber nähern, spüren das die kleinen Haie und verhalten sich still.

Schwellhaiei, an einem Gorgonenfächer befestigt

Berüchtigt: Weißer Hai

Ein Weißer Hai springt aus dem Wasser und fängt eine Robbe. Er beißt dabei so kräftig zu, dass ihm manchmal die Zähne ausfallen.

Der Weiße Hai ist bis zu sechs Meter lang und in allen Ozeanen zu Hause, vorwiegend nahe der Küsten und Inseln. In der warmen Jahreszeit hält er sich besonders in der Nähe von Robbenkolonien auf, wo es reichlich zu fressen gibt. In den kälteren Monaten zieht es ihn auch weiter ins Meer hinaus.

Turbojäger

Das Gebiss mit seinen großen, dreieckigen Zackenzähnen ist Furcht einflößend. Aber ist der Weiße Hai wirklich dieses blutrünstige, menschenfressende Monster, für das viele ihn halten? Tatsächlich ist der Weiße Hai ein eher scheuer Meeresräuber und wird dem Menschen in nur wenigen Fällen gefährlich. Menschenfleisch schmeckt ihm ganz und gar nicht. Als Jungtier frisst er Fische, darunter sind auch kleinere Haie. Wird er größer, jagt er Robben, See-Elefanten, Delfine und sogar kleinere Wale und andere Haie. Meist nutzt er den Moment, wenn die Meeressäuger zum Atmen an die Oberfläche schwimmen. Dann greift er von unten an. Mit kräftigen Schwanzschlägen schießt er nach oben und beißt meist in die hinteren Körperteile der Beute. Um dabei seine Augen nicht zu verletzen, schiebt sich beim Weißen Hai eine schützende Nickhaut über die Augen. Der Hai verschwindet sofort wieder und lässt die verletzte Beute erst einmal bluten, damit sie geschwächt ist. Der Weiße Hai vermeidet also den Kampf. So spart er wertvolle Energie und geht kein Risiko ein, dass er beim Todeskampf der Beute noch verletzt wird. Kleinere Beutetiere, die sich nicht so stark wehren können, hält der Weiße Hai so lange zwischen den Kiefern, bis sie gestorben sind.

Weil so manche Mahlzeit ordentlich groß ist, muss er manchmal nur einmal im Monat fressen.

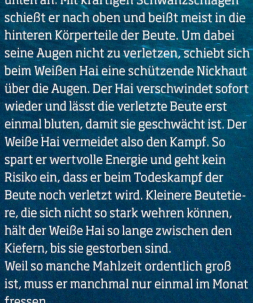

Dem Film »Der Weiße Hai« verdankt Regisseur Steven Spielberg seine Karriere. Damit der Hai gefährlicher aussieht, hat Spielberg den Plastikhai im Film gleich um ein gutes Stück größer anfertigen lassen. Normalerweise wird der Weiße Hai zwischen viereinhalb und sechs Meter lang.

Aus der Sicht des Hais: Der Surfer auf seinem Brett ähnelt einer Robbe an der Wasseroberfläche.

Oops! Er hat es nicht so gemeint. Surfbretter stehen normalerweise nicht auf dem Speiseplan des Weißen Hais.

Unverwechselbar: Hammerhai

Mit ihrem eigenartig geformten Kopf zählen Hammerhaie zu den ungewöhnlichsten Haien. An den äußeren Enden des Kopfes sitzen Augen und Nasenöffnungen. Der Kopf ist über und über mit Lorenzinischen Ampullen versehen. Damit kann der Hai selbst schwächste elektromagnetische Signale wahrnehmen, etwa den Herzschlag eines getarnten oder versteckten Fisches. Dieses Sensorsystem hilft dem Hammerhai bei der Navigation. Anhand des Erdmagnetfeldes finden Hammerhaie über Tausende von Kilometern ihren Weg durch die Weiten der Ozeane.

Riechen, wo es langgeht

Hammerhaie drehen beim Schwimmen ständig den Kopf. Je nachdem, welche Nasenöffnung den Geruch stärker wahrnimmt, zeigt dies den Haien, in welcher Richtung sich Beute befindet. Hammerhaie können dank ihrer ungewöhnlichen Kopfform zweidimensional riechen.

Angeberwissen

- Die Form des Kopfes hat ihm den Namen gegeben: Bogenstirn-Hammerhai.
- Im Hammer befinden sich viele hochempfindliche Sensoren, die wichtig sind für die Jagd.
- Der Kopf wirkt wie eine Flugzeugtragfläche und gibt dem Hai zusätzlich Stabilität im Wasser.

BOGENSTIRN-HAMMERHAI

Größe	bis 4,30 m
Gewicht	über 150 kg
Vorkommen	tropische und subtropische Meere, Küstengewässer bis 500 m Tiefe
Ernährung	Fische, aber auch Kalmare und Krebse

Bogenstirn-Hammerhaie treten oft in Schulen mit mehreren Hundert Tieren auf. Manche dieser Schulen bestehen fast nur aus Weibchen, wobei die größeren und ranghöheren Weibchen in der Mitte schwimmen.

Bogenstirn-Hammerhai mit den typischen Bögen. Augen und Geruchsöffnungen sitzen an den Seiten des stark verbreiterten Kopfes.

Feinde der Haie

Orcas haben einen Makohai entdeckt. Noch hätte der Hai Gelegenheit zu fliehen. Ein Orca taucht ab und wird den Hai als Nächstes von unten angreifen. Gegen den riesigen Meeressäuger hat der Mako keine Chance.

Weißspitzen-Riffhaie mit ihrer weißen Spitze an der Rückenflosse. Vor größeren Räubern verstecken sie sich unter Felsvorsprüngen oder zwischen Korallenstöcken.

Haie sind Topjäger und sie stehen weit oben an der Spitze der Nahrungspyramide. Man könnte vermuten, dass sie die Herrscher der Ozeane sind, gegen die kein anderer Meeresbewohner eine Chance hat. Weit gefehlt! Haie sind nicht die einzigen Räuber in den Meeren. Selbst die größten Haie haben Gegner, die ihnen gefährlich werden können.

Wal gegen Hai

Unglaublich, aber wahr: Einige Orca-Gruppen haben sich auf das Erlegen von Haien spezialisiert. Die so putzig aussehenden Wale nehmen es mit dem schnellen Makohai und sogar mit dem größten Räuber aller Haie, dem Weißen Hai, auf. Schon ein einzelner ausgewachsener Orca kann dem Weißen Hai gefährlich werden. Wenn es der Weiße Hai aber mit einer ganzen Gruppe von Orcas zu tun bekommt, gibt es kein Entkommen mehr. Bei der Jagd gehen die Orcas ähnlich wie der Weiße Hai selbst vor – sie greifen unvermutet von unten an. Aus der Tiefe schnellen sie steil nach oben und schlagen mit ihrer Fluke auf den Hai ein. Dieser Schlag betäubt den Hai. Die Orcas scheinen die

Junge Zebrahaie haben viele Feinde. Um nicht entdeckt und gefressen zu werden, tarnen sie sich mit einem Zebrastreifenmuster. In den flachen, lichtdurchfluteten Gewässern verschmelzen sie so mit der Umgebung.

Schwachstelle des Hais zu kennen. Sie drehen ihn auf den Rücken. Der Weiße Hai fällt in eine Starre und kann sich so nicht mehr bewegen. Junge Orcas sehen den erfahrenen Jägern zu, wie sie einen Hai erlegen. Erst nach Jahren des Lernens nehmen sie selber an der Jagd auf Haie teil. Köpfchen und brutale Gewalt – gegen diese Mischung hat sogar ein Weißer Hai keine Chance.

Rivalen

Sie sind oft schneller als die Haie und schnappen ihnen so manchen leckeren Happen vor der Nase weg: Delfine, Seelöwen, Riesenzackenbarsche und sogar Salzwasserkrokodile sind starke Jäger und oft hinter den gleichen Tieren her wie Haie.

Abwehrtricks

Auch Haie müssen sich verteidigen. Dabei gilt: Davonschwimmen ist besser als der Kampf. Wenn sie können, dann nehmen Haie lieber Reißaus. Einige aber vertrauen auf ihre messerscharfen Zähne. Andere versuchen, sich zu tarnen. Einige Haie tragen spitze Dornen, die einem den Appetit auf Hai verderben, oder sie blähen sich zu erschreckender Größe auf.

Der Große Tümmler frisst wie viele Haie Kraken, Kalmare und kleinere Fische. Das alles schluckt er unverdaut am Stück.

Seelöwen sind kräftige und schnelle Räuber. Sie fressen Fische, aber auch Rochen und sogar kleinere Haie.

Ein grimmiger Riese: der Zackenbarsch. Er frisst gern Krebstiere, am Boden lebende Welse und Rochen.

Wird dieser Hai bedroht, dann schwillt ihm mehr als nur der Kragen. Der Schwellhai pumpt sich mit Wasser auf. Er kann so seine Größe verdoppeln. Holt man ihn aus dem Wasser, so bläht er sich mit Luft auf.

Das Salzwasserkrokodil lebt in Küstennähe. Es zieht seine Beute unter Wasser und ertränkt diese. Größere Salzwasserkrokodile schnappen sich manchmal sogar einen Bullenhai.

Extrem kalt

Die meisten Haie leben in den warmen, tropischen Meeren oder in gemäßigt warmen Gewässern. Aber es gibt auch Haie, die extreme Umgebungen vorziehen, so wie der Grönlandhai. Er liebt es eiskalt und ist in den Gewässern um Skandinavien, Großbritannien und Grönland zu Hause. Man kennt diesen Hai auch unter dem Namen Eishai. Der Grönlandhai ist ein eiskalter Riese: Er wird bis zu sechs Meter lang und über eine Tonne schwer. Er zählt zu den Schlafhaien – den einzigen Haien, die ständig in den kalten Polarmeeren leben können. Hier liegt die Wassertemperatur um null Grad Celsius. Nur wegen des Salzgehalts gefriert das Wasser nicht zu Eis.

Kein Kostverächter

Alle Schlafhaie sind träge Schwimmer und schleichen sich langsam an ihre Beute heran. Sie ernähren sich aber auch von Kadavern, die von der Oberfläche in die Tiefe sinken. In den Mägen von Grönlandhaien wurden sogar Reste von Rentieren, Eisbären und Pferden gefunden! Der Grönlandhai frisst also alles, was ihm vors Maul kommt. Im Winter jagt er nahe der Wasseroberfläche Robben, im Sommer hält er sich lieber in größerer Tiefe auf und frisst Riesentintenfische und andere Tiefseebewohner, die sich mit ihren Leuchtorganen verraten.

Eiskalter Jäger. Der Heringshai wird bis zu 3,70 Meter lang. Er ist alles andere als träge und jagt hinter Heringen und Makrelen her.

Der Krausen- oder Kragenhai ist zwei Meter lang und sieht aus wie ein Aal. Seinen Namen verdankt der Tiefseebewohner den seltsam gekräuselten Rändern seiner sechs Kiemen. In seinem Maul sitzen rund 300 breite, vielzackige Zähne.

Der Grönlandhai lebt im Polarmeer unter dem arktischen Eis. Er bewegt sich langsam und wächst auch langsam – weniger als einen Zentimeter im Jahr. Nur weil er sehr alt wird, kann er bis zu sechs Meter lang werden.

Extrem tief

Gespenstisch. Der Nasenhai gilt als lebendes Fossil. Er gehört einer Gruppe von Haien an, von der man glaubte, sie sei vor 100 Millionen Jahren ausgestorben.

Mehr als 200 Haiarten bevorzugen den Lebensraum der Tiefsee, wohin kein Sonnenlicht gelangt. Diese Haie halten dem extremen Druck in der Tiefe stand und finden sich auch in der Dunkelheit gut zurecht. Ihre Augen sind besonders lichtempfindlich und halten Ausschau nach Leuchtsignalen, die andere Tiefseebewohner aussenden. Manche Haie senden sogar selber ein gespenstisches Licht aus und locken so Beute an. Die Haie der Tiefe sind meist klein, weil es dort unten sehr kalt ist und alle Körperfunktionen langsamer ablaufen als in wärmeren Gewässern. Weil Nahrung sehr knapp ist, schwimmen die Haie der Tiefsee die meiste Zeit sehr gemächlich. So sparen sie wertvolle Energie.

Was für eine Nase!

Der Nasenhai, auch Koboldhai genannt, wird nur selten gesichtet. Kein Wunder! Er lebt am Meeresboden in bis zu 1 200 Metern Tiefe. Seine spitze Nase sieht aus wie ein Horn, ist aber weich – wie der ganze Rest des Körpers. Vermutlich sitzen auf der verlängerten Schnauze besonders viele Elektrosensoren, mit denen sich der Nasenhai gut in der finsteren Tiefsee zurechtfinden und Beute aufstöbern kann. Mit seinen langen, spitzen Fangzähnen schnappt er sich kleinere Fische, Kalmare und Krebstiere. Hat der Nasenhai Beute entdeckt, stülpt er sein Gebiss blitzartig aus und schlägt zu.

Ein Hai voller Rätsel

Der Nasenhai besteht zu einem Viertel aus Leber! Noch rätseln Experten, warum er eine solch große Leber hat. Bislang konnten die Forscher nur etwa 50 Exemplare untersuchen. Denn es ist schwierig, ihn zu fangen, weil der Nasenhai so scheu ist.

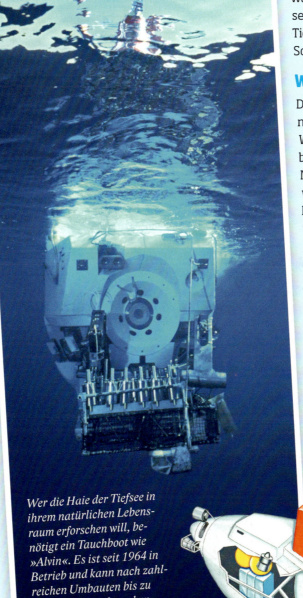

Der Zigarrenhai ist nur einen halben Meter lang und lebt in Tiefen bis zu 3 500 Meter. In der Körpermitte sitzt ein Band von Leuchtorganen, das grünliches Licht abstrahlt und neugierige Tiere in die Nähe des Haimauls lockt.

Wer die Haie der Tiefsee in ihrem natürlichen Lebensraum erforschen will, benötigt ein Tauchboot wie »Alvin«. Es ist seit 1964 in Betrieb und kann nach zahlreichen Umbauten bis zu 6 500 Meter tief tauchen. In der druckfesten Kugel aus Titan ist Platz für drei Personen: einen Piloten und zwei Forscher.

Tarnung ist alles

Mit der Umgebung verschmelzen: Das Fleckenmuster des Hornhais verschwimmt mit den Lichtmustern im flachen Gewässer.

Er ist ein Meister der Tarnung und liegt flach wie ein Teppich auf dem Meeresboden. Da braucht man sich auch nicht über seinen Namen zu wundern: Teppichhai! Teppichhaie leben in warmen Gewässern um Korallenriffe herum. Dort ist es tagsüber hell und man wird leicht entdeckt. Das macht die Jagd auf Beutetiere schwierig; außerdem wird man selbst leicht zum Opfer. Die Lösung: ein gutes Tarnkleid aus Streifen, Flecken und Tupfen.

Wer lauert denn da?

Der Körper ist abgeplattet und mit einem unregelmäßig gefleckten Muster überzogen. Der Umriss des Hais löst sich so auf und verschmilzt mit dem Untergrund. So liegt der Teppichhai auf sandigem Meeresboden oder zwischen Felsspalten und lauert bewegungslos auf Beute. Als Taucher muss man schon zweimal hinsehen, um einen Teppichhai zu entdecken.

Fransen und Zotteln

Der etwa 1,20 Meter lange Fransen-Teppichhai ist ein ganz besonderes Exemplar. Er trägt verzweigte Hautlappen um das Maul herum. Diese Zotteln bewegen sich leicht in der Strömung, sodass der Kopf wie ein mit Seetang bewachsener Stein aussieht. Der Fransen-Teppichhai kann seine Zotteln sogar selber in Bewegung versetzen und so die Neugier von sich nähernden Fischen oder Krebsen wecken. Hungrige Tiere, die sich von dem vermeintlichen Pflanzenbewuchs anlocken lassen, werden dann – schwupps – selber gefressen.

Überraschungsangriff

Teppichhaie haben nach hinten gekrümmte, spitze Zähne, die sich ideal zum Festhalten von Beutetieren eignen. Kommt ein am Boden lebender Fisch, ein Tintenfisch oder eine Krabbe in die Nähe des Mauls, dann schlägt der Teppichhai blitzschnell zu: Er reißt sein Maul auf und schiebt seinen Kiefer nach vorne. Dabei entsteht ein Sog, der die Beute ins Maul hineinzieht.

Unglaublich!

Manche Haiarten können ihre Hautfarbe verändern, um sich an die jeweilige Umgebung anzupassen. Wie das geht? Sie können Pigmentzellen in ihrer Haut zusammenziehen, in denen Farbstoffe stecken.

Tarnung im offenen Meer. Sein weißer Bauch gab ihm seinen Namen: Weißer Hai. Damit ist er von unten gegen das Sonnenlicht nicht so gut zu erkennen. Von oben betrachtet, verschmilzt der dunkle Rücken mit dem dunklen Wasser der Tiefe.

Haie müssen schwimmen, um nicht zu ersticken. Stimmt das denn?

Nein! Der Teppichhai erstickt nicht, wenn er regungslos auf dem Boden ausharrt und auf Beute wartet. Hinter seinen Augen liegen Atemöffnungen, über die er Wasser ansaugt. Der Weißspitzen-Riffhai kann mit dem Maul Wasser durch die Kiemen pumpen. Einige Haiarten können also aktiv atmen und sich deshalb schon mal ruhig auf den Boden legen.

ORNAMENT-TEPPICHHAI

Länge	bis zu 2,90 m
Vorkommen	Westpazifik (östl. Indonesien, Papua-Neuguinea, Ost- und Südküste Australiens)
Ernährung	kleinere Haie und Rochen, Kopffüßer, Krebstiere

GEPUNKTETER TEPPICHHAI

Länge	ca. 1,70 m, max. 3,20 m
Vorkommen	Westpazifik (Australien)
Ernährung	kleine Fische, Kopffüßer, Krebstiere

FRANSEN-TEPPICHHAI

Länge	bis zu 1,20 m
Vorkommen	Westpazifik (Nordaustralien, Indonesien, Neuguinea)
Ernährung	bodenlebende Wirbellose und Fische

➜ Schon gewusst?

»Einbuddeln und Abwarten« lautet das Motto der Engelhaie. Sie sind typische Bodenbewohner und dank der Pigmentzellen sind einige Arten sandfarben und damit schon gut getarnt. Zusätzlich können sie sich in den Sandboden eingraben, indem sie mit ihren großen Brustflossen schlagen und so den Sand über sich werfen. Nur die Augen und die Atemlöcher schauen dann noch aus dem Sand heraus. Die perfekte Tarnung!

Teppichhaie sind Lauerjäger. Sie warten geduldig auf eine günstige Gelegenheit, um dann schnell zuzupacken.

Die Verwandten

Der Große Geigenrochen wird bis zu drei Meter lang.

Flache Verwandte

Rochen sehen ganz anders aus als die meisten Haie und doch sind sie mit ihnen verwandt. Wie die Haie gehören Rochen zu den Knorpelfischen. In den Weltmeeren schwimmen über 450 verschiedene Rochenarten. Manche sind nur so groß wie die Handfläche eines Menschen. Riesenmantas hingegen haben eine Spannweite von bis zu sieben Metern. Die Riesenmantas lassen das Meer dunkel erscheinen, wenn sie über einen hinwegschwimmen. Einige Rochen fressen kleinere Fische oder knacken Seeigel und Krebse. Andere, wie die rund zehn Mantaarten, filtern Plankton aus dem Wasser.

Mit und ohne Schwänze

Einige Rochen wie Sägerochen und Geigenrochen haben Rückenflossen und kräftig entwickelte Schwänze mit Schwanzflossen. Ihnen sieht man die Verwandtschaft zu den Haien noch an. Andere Arten wie Stechrochen und Adlerrochen haben kaum noch Schwanzflossen. Beim Riesenmanta fehlt diese ganz.

Es muss nicht immer salzig sein

Rochen gibt es nicht nur im salzigen Meerwasser, sondern auch im Süßwasser, wie die Süßwasser-Stechrochen im Amazonas und im Orinoco in Südamerika. Wie es dazu kam? Als vor Jahrmillionen die Kontinente Afrika und Südamerika noch zusammenhingen, floss ein riesiger Ur-Amazonas von Ost nach West, wo er sich ins Meer ergoss. Im Mündungsgebiet lebten auch Rochen. Die Kontinente brachen auseinander und es türmten sich vor etwa zehn Millionen Jahren die Anden auf. Der Amazonas floss nun wieder in die andere Richtung. Die Rochen waren vom Meer abgeschnitten und im Süßwasser gefangen. Sie entwickelten sich zu einer eigenen Art.

Vorsicht, Strom! Der Brasilianische Zitterrochen teilt Stromschläge aus.

Der Marmor-Zitterrochen betäubt seine Beute mit bis zu 220 Volt Spannung.

Beim Stechrochen sitzen über dem Maul die Nasenöffnungen.

Der Riesenmanta ist absolut harmlos. Der größte Rochen der Welt hat weder Strom noch Stachel noch Gift.

Mit ihrer knorpeligen Säge schlagen Sägerochen in Fischschwärme hinein und fressen dann die verletzten Tiere.

Adlerrochen lieben das offene Meer. Sie leben in tropischen und subtropischen Meeren.

Vorsicht, Giftstachel! Der Blaupunktrochen kann seine blauen Punkte farblich anpassen und sich so tarnen.

Ist er musikalisch? Geigen- oder Gitarrenrochen.

Die Verwandten

Ozeanriesen

Beeindruckendes Schauspiel: Der Riesenmanta springt aus dem Meer heraus und fällt laut klatschend auf die Wasseroberfläche zurück.

Am Bauch des Riesenmantas haben sich Schiffshalter festgesaugt. Die Brustflossen treiben den Manta an. Eine Schwanzflosse hat er nicht.

Mantarochen sind beeindruckend groß und dennoch elegant. Der Riesenmanta ist der größte Manta. Er hat eine Spannweite von bis zu sieben Metern und kann zwei Tonnen wiegen. Wegen seiner beiden »Hörner« vorne am Kopf hatten ihn früher die Seeleute auch Teufelsrochen genannt. Trotz der enormen Größe und des riesigen Mauls ist der Teufelsrochen ein harmloser Meeresbewohner, der sogar Taucher in seiner Nähe duldet. Mit den großen Flügeln gleitet er majestätisch durchs Wasser. Das Maul weit geöffnet, schwimmt er durch Planktonwolken, von denen er sich ernährt. Die beiden fleischigen Kopfflossen leiten das planktonhaltige Wasser ins Maul und durch die Kiemen hindurch. Vor den Kiemen befinden sich Borsten, mit denen er das Plankton herausfiltert. Wenn der Manta Loopings fliegt, dann um immer wieder durch ein und dieselbe Planktonwolke hindurchzuschwimmen. Als Taucher kannst du die Mantas immer in der Nähe der Wasseroberfläche beobachten – dort wo sich auch ihre Nahrung befindet. Ihre Ruhepausen verbringen sie aber in der Nähe des Meeresbodens.

Warm und gepflegt

Mantas sind in allen tropischen Meeren zu Hause, meist in Gewässern mit geringer Wassertiefe nahe der Küste. Sie besuchen regelmäßig die Putzerstationen der Riffe, wo sie sich von Putzerfischen Haut, Maul und Kiemen von Parasiten und Hautfetzen befreien lassen.

Blinde Passagiere

Auf der Suche nach Nahrung legt der Manta oft weite Strecken zurück. Begleitet wird er dabei von Schiffshaltern. Diese Fische heften sich an der Unterseite des Mantas an und ernähren sich von dessen Hautparasiten. Zu viele dieser blinden Passagiere machen das Schwimmen jedoch mühsam. Wenn der Manta durchs Wasser gleitet, kann er enorme Kräfte entwickeln und sogar zwei Meter aus dem Wasser herausspringen. Möglicherweise will er so seine Mitreisenden loswerden.

Der Riesenmanta heißt auch Teufelsrochen. Die beiden Teufelshörner wirken beim Filtrieren wie ein Trichter.

Chimären

Die Seekatze ist zwischen 40 cm und 150 cm lang und lebt das ruhige Leben vieler Tiefseebewohner.

Diese seltsamen Wesen sind entfernt mit den Haien und Rochen verwandt und wie diese haben sie auch kein Knochen-, sondern ein Knorpelskelett. Die Chimären lieben kaltes Wasser und ziehen die Tiefe dem flachen Wasser vor. Sie leben in 200 bis 2 000 Metern Tiefe. Der Oberkiefer der Chimären ist oft seltsam geformt: mal wie ein Rüssel, dann wieder wie ein Papageienschnabel. Anders als Haie und Rochen schützen die Chimären ihre Kiemen mit einem Deckel, so wie die Knochenfische.

Seltsames Wort für seltsame Wesen: Chimäre

In der griechischen Sagenwelt ist die Chimäre ein Feuer speiendes, dreiköpfiges Ungeheuer, ein Mischwesen aus einem Löwen, einer Ziege und einer Schlange. Meeresbiologen verstehen unter Chimären Knorpelfische, die mit den Haien und Rochen verwandt sind, aber auch Merkmale von Knochenfischen zeigen. Während die meisten Haie fünf Kiemenschlitze haben, besitzen Chimären nur vier. Die meisten Chimären schwimmen etwas unbeholfen, da sie ihre kleinen Brustflossen ähnlich wie die Rochen schlagen. Die meiste Zeit ruhen sie auf die Flossenspitzen gestützt am Meeresboden.

Die Schnauze der Elefantennasenchimäre ist rüsselförmig verlängert. Darin sitzen hochempfindliche Sinnesorgane, mit denen sie ihre Beute im Meeresboden aufspürt, zum Beispiel Krebstiere und Würmer.

Die Seekatze wird auch Seeratte genannt, denn sie hat einen langen, dünnen Schwanz, ähnlich wie eine Ratte. Auch die Zähne erinnern an das Nagetier. Die Seeratte hat eine glatte Haut. Auf dem Rücken trägt sie einen gefährlichen Giftstachel, mit dem sie Feinde auf Distanz hält.

Wie gefährlich sind Haie wirklich?

Da kommt die gefürchtete Flosse und zerschneidet das Wasser, der Hai reißt seinen Rachen auf und entblößt seine entsetzlichen, messerscharfen Zähne ... und das Meer färbt sich blutrot. Dieser schreckliche Horrorfilm mit bösem Ende läuft in den Köpfen vieler Menschen ab, sobald sie nur an einen Hai denken. Tatsächlich aber greifen Haie einen Menschen nur selten absichtlich an. Der Mensch gehört nicht ins Beuteschema der Haie, er schmeckt ihnen einfach nicht! Jedoch kommt es manchmal vor, dass Haie sich irren. Die meisten Haiunfälle passieren, wenn der Hai einen Menschen mit seiner Beute verwechselt.

Was tun, wenn ein Hai kommt?

Wer im Meer schwimmt, schnorchelt oder taucht, kann eine Begegnung mit einem Hai nie ganz ausschließen. Wenn einer auftaucht, heißt es vor allem: Nur keine Panik! Haie interessieren sich für alles, was im Wasser zappelt. Also keine hektischen Bewegungen machen und nicht mit den Beinen strampeln. Ruhig atmen, nicht hektisch-ängstlich. Behalte den Hai im Auge und wende ihm nicht den Rücken zu. Denn manche Haie sind äußerst feige und greifen lieber von hinten an. Wenn der seltene Fall eintritt, dass ein Hai auf dich zukommt, dann schwimme nicht aufgeregt weg! Das tun nur Beutetiere, und der Hai könnte dich damit verwechseln. Generell gilt: Lässt du den Hai in Ruhe, wird er dir auch nichts tun. Den Hai auf keinen Fall berühren oder in die Enge treiben. Versuche ihn dennoch auf Abstand zu halten. Hast du eine Unterwasserkamera dabei, halte sie dem Hai entgegen oder drücke ihm mit den Flossen Wasser entgegen. Bleibe als Taucher immer in der Gruppe und verlasse das Wasser möglichst langsam und ruhig. Prima, jetzt hast du eine tolle Haigeschichte zu erzählen.

Ich will aber keinem Hai begegnen

Das Risiko einer unerwünschten Haibegegnung lässt sich senken, wenn du dich an bestimmte Regeln hältst. In Gewässern mit Haien geht man besser nicht in der Morgen- oder Abenddämmerung zum Schwimmen, denn dann gehen viele Haie auf die Jagd. Glitzernder Schmuck bleibt an Land, denn der Hai könnte ihn für das Schillern von Fischschuppen halten. Haie schmecken und riechen Blut auch in geringer Konzentration. Wer eine blutende Wunde hat, auch wenn sie noch so klein ist, bleibt besser an Land oder auf dem Boot. Verletzte Tiere zappeln und senden Schwingungen aus. Um nicht mit leichter Beute verwechselt zu werden, vermeide ruckartige Bewegungen im Wasser. Vorsicht ist auch geboten, wenn ein Fischschwarm kreuzt oder ein Fischerboot vorbeifährt. Dann sind Haie oft nicht weit.

Nimm dich in Acht vor Kokosnüssen!

Wie groß ist das Risiko, durch einen Hai ums Leben zu kommen? Durch Haiattacken sterben jedes Jahr weltweit etwa zehn Menschen. Kokosnüsse sind demnach gefährlicher: 150 Menschen sterben jährlich durch herabfallende Kokosnüsse, 40 000 durch den Biss von Giftschlangen und mehr als zwei Millionen durch den Stich der Anophelesmücke, die Malaria überträgt.

Beliebt, aber umstritten sind Haifütterungen. Zwar sieht man dabei Haie aus nächster Nähe. Allerdings könnten sich die Räuber daran gewöhnen und bei nächster Gelegenheit anderen Tauchern zu nahe kommen und um Futter betteln.

▶ Schon gewusst?

Etwa 100 Millionen Haie sterben jedes Jahr durch den Menschen, aber nur etwa zehn Menschen durch Haie. Wer ist hier die Bestie?

Solche Angriffe auf Surfer sind selten und immer ein Versehen.

Letzte Warnung! Wenn ein Hai buckelt und die Brustflossen senkt, die Schnauze hebt und dann auch noch mit dem Kopf hin und her wackelt, heißt das, dass er sich bedroht fühlt und als Nächstes angreifen wird. Du solltest diese Warnung ernst nehmen und dich langsam und ruhig zurückziehen.

Wenn du genügend Abstand hältst, fühlt sich auch der Hai wohl. Er ist vielleicht neugierig und will nur wissen, wer du bist. Danach wird er sich nicht weiter für dich interessieren und abdrehen. Oh, wie langweilig, ein Taucher.

Delfin

Riesenhai

Fächerfisch

Weißer Hai

Hai oder nicht Hai?

Nicht jede Rückenflosse bedeutet Haialarm. Da schaut schon mal die Flosse eines verspielten Delfins aus dem Wasser oder die eines Fächerfisches. Manchmal wendet nur ein Manta und du siehst eine seiner Flügelspitzen. Filtrierer wie der große Riesenhai sind harmlos. Beim Weißen Hai solltest du allerdings aufpassen.

Gejagter Jäger

Ein Bullenhai hat sich in einem Netz verfangen und musste qualvoll ersticken.

Auch Haie haben natürliche Feinde. Aber ihr größter Feind ist der Mensch. Haie werden gezielt gefangen, meist mit großen Treib- und Schleppnetzen oder mit kilometerlangen Langleinen, an denen Tausende von Angelhaken mit Ködern hängen. Außerdem fangen Sportfischer planmäßig Haie mit Spezialangeln. Erinnerungsfotos sollen beweisen, was für tolle Kerle sie doch sind, dass sie es mit dem »Killer« der Meere aufnehmen. Unbeabsichtigt und dennoch tödlich für die Haie: Sie geraten als unerwünschter Beifang in die Netze der Fischer. Die großen Fangschiffe fischen außerdem die Meere leer und nehmen den Haien ihre Nahrung weg. Die Überfischung der Meere entzieht so den Haien die Lebensgrundlage.

Skandal

Der Mensch zieht Jahr für Jahr etwa 100 Millionen Haie aus dem Meer. Dem größten Teil davon – 70 Millionen Haien – werden mit dem Messer die Flossen abgeschnitten. Die noch lebenden, aber verstümmelten Körper werden ins Meer zurückgeworfen. Die Haie können nicht mehr schwimmen und sinken auf den Meeresgrund, wo sie jämmerlich verenden. Vor allem in Asien werden Haiflossen zu traditioneller Medizin oder zu Haifischflossensuppe verarbeitet. Die Suppe gilt als Delikatesse und so wird für die Flossen sehr viel Geld bezahlt. Dabei sind die Flossen selbst geschmacklos. Aber auch in Deutschland wird Hai gegessen, nur dass er dort nicht so genannt wird. Schillerlocken oder Seeaal ist in Wahrheit Fleisch des Dornhais. Wenn du Haie schützen willst, dann achtest du am besten darauf, was auf deinen Teller kommt.

Langleinenfischerei. Dieser Hai ist auf den Köder hereingefallen.

Vorsicht! Gift!

Es gibt noch einen Grund, kein Haifleisch zu essen: Weil Haie an der Spitze der Nahrungspyramide stehen, haben sich große Mengen an verschiedenen Giften in ihrem Fleisch angereichert, etwa das gefährliche Quecksilber. Die Gifte wurden in die Meere eingeleitet oder stammen von den Schutzanstrichen der Schiffe. Haie leiden enorm unter der Verschmutzung der Meere, denn die Gifte schwächen ihre Abwehrkräfte.

Kleine Haie ...

... brauchen ein sicheres Zuhause, in dem sie ungestört aufwachsen können. Damit die jungen Haie nicht größeren Haien zum Opfer fallen, schwimmen trächtige Haiweibchen in flache Buchten, in denen sie ihre Eier ablegen oder die Jungen zur Welt bringen. Diese Orte sind für größere Haie nur schwer zugänglich und deshalb ein idealer Platz für Jungtiere. Doch die Weibchen finden immer weniger Rückzugsgebiete, wo der Nachwuchs groß werden kann. Wenn der Mensch Mangrovenwälder und Korallenriffe zerstört, zerstört er damit auch die »Kinderzimmer« der Haie.

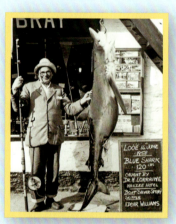

1958: Dieser Mann ist stolz auf seinen Fang. Heute wissen wir, wie enorm wichtig Haie für das Leben im Meer sind.

Zweifelhafter Sport: Ein Sportangler hat einen Hai am Haken.

> **Schon gewusst?**
>
> Haie sind gefährdet! Von den über 450 bekannten Haiarten sind etwa 100 vom Aussterben bedroht.

In vielen Teilen der Welt werden Haie gezielt gefangen. Diesem Hai wurden seine knorpeligen Flossen zum Verhängnis. In China gilt Haifischflossensuppe als teure Delikatesse.

Stirbt der Hai, so stirbt das Meer

Bei den Haien dauert die Tragzeit besonders lange. Auch bekommen sie nur zwischen zwei und 100 Junge. Das erscheint viel, ist aber wenig, verglichen mit den Millionen von Eiern, die Knochenfische legen. Verkleinert sich der Bestand einer Haiart, dann dauert es sehr lange, bis er sich wieder erholt hat. In extremen Fällen besteht kaum noch eine Möglichkeit, dies wieder auszugleichen. Die Haie sind nun auch nicht mehr in der Lage, ihre wichtige Rolle im Ökosystem auszuüben. Eine Folge davon: Die bunten Korallenriffe, die wir wegen ihrer Artenvielfalt so schätzen, gehen zugrunde. Wissenschaftliche Studien zeigen, dass ein Korallenriff, aus dem alle Haie entfernt werden, innerhalb nur eines Jahres stirbt!

Grausam! Ein Fischer schneidet einem Grauen Riffhai die Flossen ab. Sie werden getrocknet und nach Asien verkauft.

Diese Haie sind unnötig gestorben: ein ganzes Schaufenster voller Haifischflossen.

Haie und Menschen

Wir fragen, Haie antworten

Du entschuldigst schon ... so einen wie dich sieht man nicht alle Tage. Und dein Name ist ja auch gewöhnungsbedürftig.

Man nennt mich den Riesenmaulhai. Das hat wohl mit meinem Äußeren zu tun. Auf Lateinisch heiße ich Megachasma pelagios, das heißt »großer Gähner des offenen Meeres«. Das trifft es ziemlich gut. Gäääähn.

Name: Riesenmaulhai
Typ: Großmaul
Hobbys: Shrimps fressen, gähnen

Riesenmaulhai, das klingt gefährlich.

Kommt darauf an. Wenn du zum Krill gehörst, dann schon. Ich fresse Plankton, Krill, auch mal ein paar kleinere Fische zwischendurch. Was eben so im Wasser herumschwimmt. Kleinkram, aber davon enorm viel.

Wir kennen dich erst seit 1976. Warum machst du dich so rar?

Menschen machen nur Ärger. Ich gehe ihnen lieber aus dem Weg.

Wie sieht dein Tag so aus?

Schwimmen, gähnen, schwimmen, gähnen ... solche Sachen. Und alles gaaanz laaangsam angehen.

Ach, schwimmen, das ist ja interessant. Und wohin?

Immer den Roten Shrimps hinterher. Ich liebe Garnelen. Schwimmt die Garnele tief, schwimme ich tief, schwimmt sie höher, bin ich auch mit dabei. Tagsüber tiefer, nachts dann weiter oben. Ansonsten mache ich mir nicht viel aus Rummel. Immer schön bedeckt halten. Jetzt muß ich dann mal wieder was futtern ...

Na denn guten Appetit und schöne Träume!

Du bist also der berühmte ...

... und berüchtigte Weiße Hai. Freunde nennen mich Carcharodon carcharias. Ist Latein, sollte ein Witz sein. Ich weiß, ich bin nicht gut mit Witzen. Niemand findet mich witzig, alle haben nur Angst vor mir.

Es heißt, du wärst ein blutrünstiger Räuber.

Blutrünstig, nein! Räuber, ja! Ich bin sogar ein Superräuber, also Spitzenraubfisch. Topprädator. Klingt gut, was?!

Name: Weißer Hai
Typ: Feinschmecker
Hobbys: Zähne zeigen

Topprädator? Klingt wie ein Hollywood-Film.

Bleib mir weg mit Hollywood und diesem Steven Spielberg. Das stimmt hinten und vorne nicht, was in dem Film ... oh, Mann, der soll mir mal unterkommen, aber dann ...

Du frisst also keine Menschen?

Weißt du, wie Menschen schmecken? Die sind ja so mager und dann stecken sie ja auch noch in diesen Gummihüllen.

Neoprenanzüge?

Genau. Ich mag die nicht. Robben aber sind lecker.

Was kannst du unseren Lesern raten?

Nach dem Schwimmen immer gut zwischen den Zehen abtrocknen und nicht ins Wasser pinkeln ...

Hab ich noch nie gemacht!

Immer schön bei der Wahrheit bleiben. Alle tun das, alle! Ich schmecke das. Ach, ja! Finger weg von meinen Flossen! Und immer schön cool bleiben.

Glossar

Aasfresser: Tiere, die sich von toten Tieren ernähren oder von dem, was Raubtiere von ihrer Beute übrig lassen.

Auftrieb: Im Wasser nach oben, der Schwerkraft entgegengerichtete Kraft. Bei den Haien tragen zum Auftrieb die ölreiche Leber und die Brustflossen bei, die beim Schwimmen wie Flugzeugtragflächen wirken.

Barteln: Fühler an der Schnauze von Fischen, die bei der Suche nach Nahrung helfen.

Chimären: Mit den Haien und Rochen verwandte Knorpelfische. Benannt nach einem Ungeheuer einer griechischen Sage, das ein Mischwesen aus verschiedenen Tieren war.

Dentikel: Eine »Schuppe« der Haihaut, die winzigen Zähnchen ähnelt. Sie macht die Haut rau wie Sandpapier, verringert aber den Strömungswiderstand beim Schwimmen.

Drohverhalten: Aggressives Verhalten, das einige Haie zeigen, wenn sie sich anderen Haien oder anderen Meereslebewesen oder auch Tauchern gegenübersehen.

Eikapsel: Ledrige Hülle, die einen heranwachsenden Haiembryo schützend umgibt.

Embryo: Frühstadium eines Tieres vor der Geburt.

Evolution: Natürlicher Prozess, bei dem über sehr lange Zeit neue Pflanzen- und Tierarten entstehen. Anpassung an sich verändernde Lebensbedingungen.

Filtrierer: Meerestiere, die mit Kiemenreusen das Wasser nach sehr kleinen Futterteilchen durchkämmen. Das können pflanzliches und tierisches Plankton sein, aber auch Krill und kleinere Fische.

Fossilien: Versteinerte Überreste und Spuren vergangener Lebewesen. Von urzeitlichen Haien haben sich meist nur Zähne als Fossilien erhalten.

Kieme: Organ, das Fische und auch Haie zum Atmen benutzen. Mit den Kiemen nehmen die Tiere den im Wasser gelösten Sauerstoff auf.

Knochenfische: Fische, deren Skelett aus Knochen besteht und nicht aus Knorpel.

Knorpel: Das biegsame, aber dennoch kräftige Material, aus dem die Skelette von Haien und Rochen bestehen. Beim Menschen bestehen Ohrmuschel und Nasenspitze aus Knorpel.

Krill: Kleine, garnelenähnliche Meerestiere, die in riesigen Schwärmen auftreten. Vom Krill ernähren sich große Filtrierer, wie z. B. Walhaie.

Lorenzinische Ampullen: Hochempfindliche Sinnesorgane am Kopf eines Hais, mit denen dieser elektrische Felder wahrnimmt und versteckte Beutetiere aufspüren kann.

Megalodon: Ein riesiger Urzeithai. Megalodon trat erstmals vor 17 Millionen Jahren auf und ist möglicherweise der Vorfahr des Weißen Hais.

Nahrungspyramide: Modell, mit dem man das Fressen und Gefressen-Werden unter Tieren darstellen kann. Pflanzen und Algen bilden die unterste Stufe, Topprädatoren wie Haie stehen ganz an der Spitze der Nahrungspyramide.

Nickhaut: Ein Augenlid, das sich schützend über das ansonsten offene Auge schiebt, um dieses vor Verletzungen zu schützen.

Parasiten: Organismen, die in oder auf einem anderen Lebewesen (dem Wirt) leben und diesem dabei schaden.

Plankton: Kleine Organismen, die frei im Wasser schweben und mit der Strömung treiben.

Ruderfußkrebse: Kleine Krebstiere, aus denen große Teile des Zooplanktons bestehen. Manche Ruderfußkrebse setzen sich als Parasiten auch auf Haien fest.

Der Bogenstirn-Hammerhai mit seinem einzigartigen Kopf.

Saugloch: Öffnung hinter den Augen von Rochen und einigen Haiarten. Über die Sauglöcher können die Rochen auch im Meeresgrund eingegraben ihre Kiemen mit sauerstoffhaltigem Wasser versorgen.

Schule: a) Ausbildungsstätte für Menschenkinder, b) Gruppe von Fischen, kleinerer Fischschwarm.

Seitenlinienorgan: Eine Reihe von Sinnesorganen an beiden Seiten des Haikörpers, mit denen der Hai Vibrationen und Druckschwankungen im Wasser wahrnehmen kann.

Tapetum lucidum: Schicht von Zellen hinter der Netzhaut des Auges. Diese Schicht reflektiert das Licht und schickt es noch einmal durch die Netzhaut, sodass das Auge lichtempfindlicher wird.

Zooplankton: Frei im Wasser schwebende, tierische Kleinlebewesen: Ruderfußkrebse, Krill u. a.

 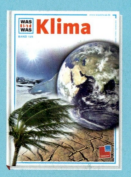